Yo, _____

dedico este libro a _____ :

Que el «Maestro de maestros» le enseñe que en las fallas y lágrimas se talla la sabiduría.

Que el «Maestro de las emociones» le enseñe a contemplar las cosas sencillas y a navegar en las aguas de los sentimientos.

Que el «Maestro de la vida» le enseñe a no tener miedo de vivir y a superar los momentos más difíciles de su historia.

Que el «Maestro del amor» le enseñe que la vida es el espectáculo más grande en el teatro de la existencia.

Que el «Maestro inolvidable» le enseñe que los débiles juzgan y desisten, mientras los fuertes comprenden y tienen esperanza.

No somos perfectos. Decepciones, frustraciones y pérdidas siempre ocurrirán.

Después de la noche más larga surgirá el amanecer más bello. Espérelo.

_____/_____/_____

DR. AUGUSTO CURY

Análisis de la Inteligencia de Cristo

El Maestro
de
maestros

*Jesús, el educador más grande
de todos los tiempos.*

GRUPO NELSON
Una división de Thomas Nelson Publishers
Desde 1798

NASHVILLE   DALLAS   MÉXICO DF.   RÍO DE JANEIRO   BEIJING

© 2008 por Dr. Augusto Cury
Publicado en Nashville, Tennessee, Estados Unidos de América.
Grupo Nelson, Inc. es una subsidiaria que pertenece
completamente a Thomas Nelson, Inc.
Grupo Nelson es una marca registrada de Thomas Nelson, Inc.
www.gruponelson.com

Título en portugués: *O Mestre dos Mestres*
© 2006 por Augusto Jorge Cury
Publicado por GMT Editores Ltda.
Rio de Janeiro, Brasil

Todos los derechos reservados. Ninguna porción de este libro podrá ser re-
producida, almacenada en algún sistema de recuperación, o transmitida en
cualquier forma o por cualquier medio —mecánicos, fotocopias, grabación u
otro— excepto por citas breves en revistas impresas, sin la autorización previa
por escrito de la editorial.

A menos que se especifique lo contrario, las citas bíblicas usadasson de la
Santa Biblia, Versión Reina-Valera 1960 © 1960 por Sociedades Bíblicas en
América Latina, © renovado 1988 por Sociedades Bíblicas Unidas. Usadas
con permiso.

Traducción: *Maria Fernanda Oliveira*
Adaptación del diseño al español: *www.blomerus.org*

ISBN: 978-1-60255-123-7

Impreso en Estados Unidos de América

09 10 11 12 BTY 9 8 7 6 5 4 3

Él dividió la historia de la humanidad.
Ahora la psicología va a analizar
su intrigante inteligencia...

Contenido

Prefacio

Nada es tan fascinante como penetrar en el mundo inaccesible de la mente o de la psique. Dentro de cada ser humano hay un mapa a ser recorrido con sutilezas, momentos de alegría, períodos de sufrimiento, golpes de osadía, tiempos de retroceso, pensamientos que transmiten tranquilidad, ideas que producen perturbación.

A lo largo de más de veinte años he venido desarrollando una nueva teoría psicológica y también filosófica, llamada inteligencia multifocal, que estudia por lo menos cinco grandes áreas del funcionamiento de la mente.

1. El proceso de construcción del pensamiento.
2. El proceso de organización de la consciencia existencial y de la estructuración del Yo.
3. Los papeles conscientes e inconscientes de la memoria y la formación de la historia intrapsíquica.
4. El proceso de transformación de la emoción.
5. El proceso de la interpretación y de la formación del pensamiento.

Después de desarrollar los conceptos básicos de esa teoría, me lancé a una de las más desafiantes pesquisas psicológicas; descubrir por qué algunas personas lograron romper la cárcel del tedio, accionaron el arte de pensar y expandieron su propia inteligencia. Después de estudiar el perfil psicológico de algunos pensadores como Nietzsche, Freud y Einstein, decidí investigar la inteligencia de aquél que dividió la historia: Jesucristo. En la introducción de este libro comento algunos de los grandes desafíos y algunas de las inmensas limitaciones que enfrenté en esa jornada.

A causa de mi origen multirracial (ítalo-judía, española y árabe), por ser un psiquiatra, un pesquisidor de la mente humana, y por haber sido uno de los más ardientes ateos que ya pisaron en este mundo, estudiar los enigmas de la mente de Jesucristo fue y aún es para mí un proyecto espectacular.

Muchas preguntas de cuño científico y no teológico llenaron mis pensamientos durante los años del análisis: ¿Fue Cristo real?, ¿o fruto de la imaginación de algunos galileos? Si no hubiera realizado ningún acto sobrenatural, ¿hubiera dividido la historia? ¿Cómo abría las ventanas de la mente de los discípulos y los estimulaba a desarrollar las funciones más importantes de la inteligencia? ¿Cómo coordinaba sus pensamientos y sus reacciones emocionales en las situaciones de estrés? ¿Alguien en la historia demostró pensamientos semejantes a los de él? ¿Cuáles son las dimensiones e implicaciones psicológicas y filosóficas de sus ideas? ¿Qué ha perdido la ciencia y la sociedad por no haber estudiado su personalidad?

Contestar a esas preguntas, aunque parcialmente, es fundamental para la humanidad. Jesús fue el personaje más complejo y enigmático que vivió en este misterioso teatro de la existencia.

Su comportamiento, palabras, capacidad de protegerse en los momentos de estrés, y la habilidad de liberar su imaginación con la delicadeza de su arte de pensar, aplicada a situaciones donde por cierto reaccionaríamos agresiva o tímidamente, dejan perplejo a cualquier profesional o científico que se disponga a estudiarlo con profundidad: psiquiatras, psicólogos, científicos de la educación y sociólogos. Es lo que pretendo comprobar.

Estudiar la mente de Jesucristo es incomparablemente más complejo que estudiar la mente de cualquier pensador de la psicología o de la filosofía. El resultado de esos años de estudio es una colección de cinco libros que escribí buscando explicar los varios aspectos de Cristo. Aún pretendo escribir el sexto libro buscando escudriñar en los pensamientos y enigmas contenidos en sus parábolas, en el sermón del monte y en otros textos.

Este es el primer libro de la colección. En él veremos que Jesús fue el Maestro de maestros, el más grande educador de la historia. Él lograba alcanzar con delicadeza, sabiduría y perspicacia las regiones más profundas del inconsciente de sus complicados discípulos. Me perturbo al constatar que él aprovechaba momentos inusitados para dar solemnes enseñanzas.

¿Qué hombre era ese que actuaba como un artesano de la emoción y escultor de la inteligencia cuando el mundo se derrumbaba sobre él? Transformó hombres que olían a pescado en hombres que exhalaban el mejor perfume de la inteligencia. Logró hacer en poco tiempo lo que raramente las universidades harían en siglos de existencia.

El lector necesita saber que en esta colección no voy a defender ninguna religión ni hacer un estudio teológico. Lo que quiero demostrar es que la ciencia cometió un error dramático al no estudiar la intrigante, misteriosa y fascinante personalidad de Jesucristo. El mundo occidental se dice cristiano, pero conoce muy poco los meandros de su psique. Si el Occidente hubiera conocido la mente de Cristo, no hubiera sido escenario de guerras, discriminación, esclavitud y violencias sin fin.

Si en el currículo académico y en los hogares se examinasen con profundidad las funciones más importantes de la inteligencia que Jesús trabajó ampliamente en la personalidad de sus discípulos, la humanidad hubiese sido otra. Tendríamos formado un nivel de pensadores apasionados por la vida que jamás discriminaría ningún ser humano, miembro de la misma especie, sea por el color de piel, raza, cultura, religión, sea por su estatus social. Esa omisión fue una gran pérdida.

Miles de lectores en decenas de países donde mis libros han sido publicados, me han enviado mensajes diciéndome lo maravillados que estaban, no con el autor, pero con el personaje que describo. Nunca imaginaron que Cristo fuera tan inteligente y que estimulase tanto la formación de mentes saludables y espíritus libres.

Muchas escuelas de enseñanza de nivel medio y universidades, han recomendado a los maestros la lectura y la adopción de estos libros en varias asignaturas, con el objetivo de expandir en los alumnos el arte de pensar. Psicólogos los han utilizado, e indicado su lectura a sus pacientes para ayudarlos a prevenir la depresión, la ansiedad y el estrés. Empresarios tienen la costumbre de regalar a sus mejores amigos y clientes con esos ejemplares.

Además de eso, pese a que los libros de la colección tratan de psicología y filosofía y no de religión, personas de las más distintas creencias, incluso no cristianas, los han leído y utilizado sistemáticamente.

Debo confesar que investigar a Jesucristo hizo caer mi orgullo, y me reveló cuán pequeño soy. Reveló mis males psíquicos. Veremos que analizar su inteligencia nos permite disponer de excelentes herramientas para nuestra educación y la educación de quienes amamos, pues los pensamientos de Jesús ayudan a oxigenar nuestras mentes, expandir el placer de vivir y además estimulan la sabiduría.

Aunque este libro sea un estudio de filosofía y psicología, el lector encontrará también referencias a textos del Antiguo y del Nuevo

Testamento, con la indicación del autor, del capítulo y versículo en que se encuentran. Sugiero, independientemente de su creencia, que tenga una Biblia en sus manos. La lectura de esos textos, dentro del contexto más amplio en que se presentan, traerá un mayor conocimiento de esa figura única y fascinante que con sus palabras, gestos y hechos revolucionó al mundo y al espíritu humano.

AUGUSTO JORGE CURY

1 | Características intrigantes de la inteligencia de Cristo

Brillando en el arte de pensar

El arte de pensar es la manifestación más sublime de la inteligencia. Todos pensamos, pero no todos desarrollamos cualitativamente el arte de pensar. Por eso, frecuentemente no expandimos las funciones más importantes de la inteligencia, tales como aprender a meditar, usar los dolores para crecer en sabiduría, trabajar las pérdidas y frustraciones con dignidad, acrecentar ideas, pensar con libertad y consciencia crítica, romper con las dictaduras intelectuales, administrar con madurez los pensamientos y emociones en las situaciones de estrés, expandir el arte de contemplar lo bello, entregarse sin esperar nada a cambio, ponerse en la situación del otro y considerar sus dolores y necesidades psicosociales.

Muchos hombres, a lo largo de la historia, brillaron en sus inteligencias y desarrollaron algunas áreas importantes del pensamiento. Sócrates fue un cuestionador del mundo. Platón fue un investigador de las relaciones sociopolíticas. Hipócrates fue el padre de la medicina. Confucio fue el filósofo de la flexibilidad. Saquia-Muni, el fundador del Budismo, fue el pensador de la búsqueda interior. Moisés fue el gran mediador del proceso de libertad del pueblo de Israel, conduciéndolos hasta la tierra de Canaán. Mahoma, en su peregrinación profética, fue el unificador del pueblo árabe, un pueblo que estaba dividido y sin identidad. Hay muchos otros hombres que brillaron en la inteligencia, como Tomás de Aquino, Agustino, Hume, Spinoza, Kant, Descartes, Galileo, Voltaire, Rousseau, Shakespeare, Hegel, Marx, Newton, Maxwell, Gandhi, Freud, Habermas, Heidegger, Curt Lewin, Einstein, Viktor Frankl, etc.

El tiempo de la vida humana es muy corto. En pocos años concluimos el espectáculo de la existencia. Desafortunadamente, pocos invierten en sabiduría en ese breve espectáculo, por eso no saben meditar, y por lo tanto no se autoevalúan. Si nombramos los seres humanos que brillaron en sus inteligencias e invirtieron en sabiduría y comparamos ese número a los millones de nuestra especie, sin duda es muy pequeño.

Independientemente de cualquier juicio, el hecho es que esos seres humanos expandieron el mundo de las ideas en el campo científico, cultural, filosófico y espiritual. Algunos no se preocuparon con el reconocimiento social, prefiriendo el anonimato, no anhelaron compartir sus ideas o escribir sus nombres en los registros de la historia. Pero sus ideas no pudieron ser sepultadas. Ellas germinaron en las mentes de la humanidad y enriquecieron su historia. Estudiar la inteligencia de esos hombres nos puede ayudar mucho para expandir nuestra propia inteligencia.

Hubo un hombre que vivió hace muchos siglos y que no solo brilló en su inteligencia, sino que era el dueño de una personalidad curiosa, misteriosa y fascinante. Él conquistó una fama indescriptible. El mundo conmemora su nacimiento. Todavía, a pesar de su gran fama, algunas áreas fundamentales de su inteligencia son poco conocidas. Él exhalaba sabiduría delante de sus dolores y era íntimo del arte de pensar. Ese hombre fue Jesucristo.

La historia de Cristo tuvo particularidades en toda su trayectoria: del nacimiento a la muerte. Su forma de vivir y sus pensamientos cruzaron generaciones, cruzaron los siglos, aunque él nunca deseó destaque social o político.

Él creció sin someterse a la cultura clásica de su tiempo. Cuando abrió su boca, liberó pensamientos de inconfundible complejidad. Tenía poco más de treinta años, pero turbó profundamente la inteligencia de los hombres más cultos de su época. Los escribas y fariseos —que poseían una rica cultura milenaria, eran intérpretes y maestros de la ley— quedaron impactados con sus pensamientos.

Su vida siempre fue difícil, sin ningún privilegio económico o social. Conoció en la intimidad los dolores de la existencia. Con todo, en lugar de preocuparse con sus propios dolores y desear que el mundo girase alrededor de sus necesidades, él se preocupaba por los dolores y las necesidades ajenas.

El sistema político y religioso no fue tolerante con él, pero él fue tolerante y manso con todos, hasta con sus peores opositores. Cristo vivió sufrimientos y persecuciones desde su niñez. Fue incomprendido, rechazado, se burlaron de él, y hasta escupieron en su rostro. Fue herido física y psicológicamente. Pero, a pesar de tantas miserias y sufrimientos, no desarrolló una emoción agresiva y ansiosa; antes, emanaba tranquilidad delante de las más difíciles situaciones y aún tenía aliento para predicar acerca del amor en su sentido más poético.

Muchos autores, a lo largo de los siglos, comentaron acerca de Cristo en diferentes aspectos espirituales; su divinidad, su propósito trascendental, sus actos sobrenaturales, su reino celestial, su resurrección, la escatología (doctrina acerca del destino final de las cosas), y otras. El que quiera estudiar esos aspectos tendrá que buscar los textos de esos autores, pues el análisis de la inteligencia de Cristo lo investiga desde otra perspectiva, de otro ángulo.

Este libro hace una investigación quizás jamás realizada por la ciencia de la interpretación o por la psicología. Investiga la singular personalidad de Jesucristo. Analiza el funcionamiento de su sorprendente inteligencia. Estudia su arte de pensar, los meandros de la construcción de sus pensamientos en sus momentos de estrés.

La inteligencia es compuesta de muchos elementos. O sea, ella es formada por la construcción del pensamiento, por la transformación de la energía emocional, por el proceso de formación de la consciencia existencial (quién soy yo, cómo estoy, dónde estoy), por la historia inconsciente archivada en la memoria y por la carga genética. Aquí voy a definir la personalidad como la manifestación de la inteligencia frente a los estímulos del mundo psíquico, como también de los ambientes y de las experiencias vividas. Todo ser humano posee una inteligencia, pero no todos desarrollan sus más importantes funciones.

Durante las casi dos décadas en que he venido pesquisando el funcionamiento de la mente, la construcción de la inteligencia y el proceso de interpretación, puedo asegurar que Jesús poseía una personalidad bastante compleja, muy difícil de ser investigada, interpretada y comprendida. Este es uno de los motivos que inhibieron la ciencia de buscar investigar y comprender, aunque mínimamente, su inteligencia.

Analizar la inteligencia de Jesucristo es uno de los más grandes desafíos para la ciencia. Después de haber desarrollado los fundamentos básicos de una nueva teoría acerca del funcionamiento de la mente, comencé a envolverme en este nuevo y excitante proyecto que es investigar la personalidad de Jesús.

Interpretar la historia es una tarea intelectual de las más complejas. Significa reconstruirla y no rescatarla, de manera pura. Reconstruir los hechos, ambientes y circunstancias del pasado es un gran desafío. Si el lector busca rescatar sus experiencias más fuertes, verá que eso frecuentemente reduce la dimensión de los dolores y de los placeres vividos en el pasado. Estudiaremos ese punto. Todo rescate del pasado está sujeto a limitaciones e imperfecciones. Este libro, que es un ejercicio de interpretación psicológica de la historia, no escapa a las reglas.

Si interpretar la historia es una tarea intelectual compleja y sinuosa, imagínese cómo debe ser difícil investigar la inteligencia de Cristo, los niveles de su coherencia intelectual, su capacidad de administrar la construcción de pensamientos, de transcender las dictaduras de la inteligencia, de superar los dolores físicos y emocionales y de abrir las ventanas de la mente de las personas que lo rodeaban.

Jesús poseía una personalidad difícil de ser estudiada. Sus reacciones intelectuales y emocionales eran tan sorprendentes e inesperadas que superan los límites de la previsibilidad psicológica. A pesar de las dificultades, es posible viajar por algunas avenidas fundamentales de su pensamiento y comprender algunas áreas importantes de su inteligencia.

Un enigma para la ciencia en diversas áreas

¿Quién fue Jesucristo? Este libro, que pretende realizar un análisis psicológico de su inteligencia, no puede contestar completamente a esa pregunta, pues ella entra en el área de la fe, un área que sobrepasa los límites de la investigación científica, que transciende la ciencia de la interpretación. La ciencia se calla cuando se inicia la fe. La fe transciende la lógica, es una convicción donde no cabe la duda. La ciencia se alimenta de la duda. Mientras más grande sea la duda, más grande podrá ser la dimensión de la respuesta. Sin el arte de la duda, la ciencia no tiene cómo subsistir y expandir su producción de conocimiento.

Jesús predicaba acerca de la fe. Hablaba de la necesidad de creer sin dudar, de una creencia plena, completa, sin inseguridades. Hablaba de la fe como de un misterioso proceso de interiorización, como una trayectoria de vida clandestina. Discurría acerca de la fe como si fuera un vivir que transciende el mundo material, excede el sistema sensorial y crea raíces en lo íntimo del espíritu humano.

La ciencia no tiene cómo investigar qué es la fe, pues, como sus raíces están en el centro de la experiencia personal, ella no puede ser un objeto de estudio investigable. Sin embargo, aunque Jesús hablaba acerca de fe como un proceso de existencia transcendental, él no revocaba el arte de pensar; antes, era un maestro excepcional en ese arte. Él no hablaba acerca de una fe sin inteligencia.

Para él, primero se debía ejercer la capacidad de pensar y reflexionar antes de creer, y después venía el creer sin dudar. Si estudiamos los cuatro evangelios e investigamos la forma como Jesús reaccionaba y expresaba sus pensamientos, concluiríamos que pensar con libertad y consciencia era fundamental para él.

Uno de los problemas más grandes enfrentados por Cristo era la cárcel intelectual en que vivían las personas, o sea, la rigidez intelectual que controlaba sus pensamientos y que afectaba la comprensión de sí mismas y del mundo que las rodeaba. Por eso, a pesar de hablar acerca de fe sin dudar, él también era un maestro sofisticado en el arte de la duda. Él la usaba para abrir las ventanas de la inteligencia de las personas a su alrededor (Lucas 5.23, 6.9, 7.42).

¿Cómo Jesús usaba el arte de la duda? Si observamos los textos de los cuatro evangelios, veremos que él era un excelente indagador, un atrevido cuestionador. Usaba el arte de la pregunta para conducir las personas a que se cuestionasen y meditasen. También era un excelente narrador de parábolas que inquietaba los pensamientos de todos sus oyentes.

¿Quién es Jesucristo? ¿Es el hijo de Dios? ¿Tiene la naturaleza divina? ¿Es el autor de la existencia? ¿Cómo él se anticipaba al tiempo y preveía hechos que aún no habían acontecido, tales como la traición de Judas, y la negación de Pedro? ¿Cómo realizaba los actos sobrenaturales que dejaban a las personas extasiadas? ¿Cómo multiplicó algunos panes y peces y sació el hambre de miles de personas? Él multiplicó la materia y las moléculas, ¿o utilizó algún otro fenómeno? La ciencia no puede dar esas respuestas acerca de Cristo, ni otras tantas, pues esas preguntas adentran en la esfera de la fe. Como dije, cuando comienza la fe, que es íntima y personal de cada ser humano y que, por lo tanto, debe ser respetada, la ciencia se calla. Jesús seguirá siendo, en muchas áreas, un gran enigma para la ciencia.

No es posible comentar su inteligencia en algunos capítulos. Su arte de pensar es demasiado sofisticado para ser tratado en solo un libro. Otras obras serán necesarias para abordarlo.

Al investigar su inteligencia, quizá podríamos contestar a algunas de estas importantes preguntas: ¿Expresaba Cristo siempre con elegancia y coherencia su inteligencia en las varias situaciones estresantes y angustiantes que vivía? ¿Hubiera dividido la historia de la humanidad si no hubiera realizado ningún acto sobrenatural? ¿Por qué sus palabras permanecen vivas hasta hoy, inquietando a centenas de millones de personas de todas las lenguas y de todos los niveles sociales, económicos y culturales? ¿Por qué hombres que nunca lo vieron o nunca lo tocaron (entre ellos pensadores, filósofos y científicos) han dicho espantosamente, a lo largo de la historia, que no solamente creyeron en él, sino que también lo amaron?

Realizaremos en este libro un viaje intelectual interesante al investigar la vida de Cristo. Al contrario de lo que se pueda pensar, a él le gustaba ser estudiado. Él apreciaba ser analizado e indagado con inteligencia. Criticaba a las personas que lo investigaban superficialmente. En una oportunidad, llegó a convocar a los escribas y fariseos para que estudiasen más profundamente la identidad y el origen de «Jesucristo» (Marcos 12.35-37).

Las incomparables características de la personalidad de aquél que dividió la historia de la humanidad

Nuestro análisis de la inteligencia de Cristo no obedecerá al orden cronológico de su vida, sino que estudiaremos las características de su inteligencia en situaciones específicas y en épocas distintas de la historia.

Este libro no defiende una religión. Su propósito es hacer una investigación psicológica de la personalidad de Cristo. No obstante, los sofisticados principios intelectuales de su inteligencia, podrán contribuir para abrir las ventanas de la inteligencia de las personas de cualquier religión, hasta las no cristianas. Tales principios son tan complejos que delante de ellos hasta los más escépticos ateos podrán enriquecer su capacidad de pensar.

Es difícil encontrar a alguien capaz de sorprendernos con las características de su personalidad, capaz de invitarnos a meditar y repensar nuestra historia. Alguien que delante de momentos de estrés, contrariedad y dolor emocional tenga actitudes sofisticadas y logre producir pensamientos y emociones que salgan del patrón común. Alguien tan interesante que posea el don de perturbar nuestros conceptos y paradigmas existenciales.

Con el pasar de los años, actuando como psiquiatra, psicoterapeuta y pesquisidor de la inteligencia, comprendí que el ser humano, aunque tiene la mente muy compleja, es frecuentemente muy previsible. El Maestro de los maestros huía de la regla. Poseía una inteligencia estimulante capaz de desafiar la inteligencia de todos los que pasaban por él.

Él tenía plena consciencia de lo que hacía. Sus metas y prioridades estaban bien establecidas (Lucas 18.31; Juan 14.31). Era seguro y determinado, pero al mismo tiempo flexible, extremadamente atento y educado. Tenía gran paciencia para educar, pero no era un maestro pasivo, antes era un instigador. Despertaba la sed de conocimiento en sus íntimos discípulos (Juan 1.37-51). Informaba poco, pero educaba mucho. Era económico para hablar, diciendo mucho con pocas palabras. Era intrépido en expresar sus pensamientos, aunque vivía en una época donde dominaba el autoritarismo.

Su coraje para expresar sus pensamientos le traía frecuentes persecuciones y sufrimientos. Todavía, cuando deseaba hablar, aunque sus palabras le trajesen grandes dificultades, no se intimidaba. Mezclaba la sencillez con la elocuencia, la humildad con el coraje intelectual, la amabilidad con la perspicacia.

Cristo nació en un país cuya identidad y subsistencia estaban profundamente amenazadas por el autoritarismo y por la vanidad del Imperio Romano. El ambiente sociopolítico era angustiante. Sobrevivir era una tarea difícil. El hambre y la miseria rondaban el día a día de las personas. El derecho personal, unido a la libertad de expresar pensamientos, era fuertemente limitado por la cúpula judía y maldecido por el Imperio Romano. La comunicación y el acceso a las informaciones eran limitados.

Los judíos esperaban un gran líder, el Cristo (Ungido); alguien capaz de reinar sobre ellos, de rescatar su identidad y de libertarlos del yugo del Imperio Romano. Los líderes judíos vivían bajo presión política, con sus vidas amenazadas y sus derechos desacatados. Pero, por su rigidez intelectual, no investigaron y, por lo tanto, no reconocieron el Cristo humilde, tolerante, manso e inteligente que no deseaba estatus social ni poder político.

Esperaban por alguien que los liberase del yugo romano, pero vino alguien que quería liberar al ser humano de sus miserias psíquicas. Esperaban por alguien que hiciese una revolución exterior, pero vino alguien que propuso una revolución interior. Esperaban por un político poderoso, mas vino alguien que nació en un pesebre, creció en un pueblo menospreciado, Nazaret, y vino a ser carpintero, viviendo en el anonimato hasta los treinta años.

Cristo no frecuentó la escuela, ni fue enseñado a los pies de los intelectuales de la época, los escribas y fariseos, mas frecuentó la escuela de la existencia, la escuela de la vida. En esa escuela conoció profundamente el pensamiento, los límites y las crisis de la existencia humana. En el anonimato, padeció angustias, dolores físicos, opresión social, dificultades de subsistencia, frío, hambre, rechazo social.

En la escuela de la existencia, la mayoría de las personas no invierte en sabiduría y la vejez no es señal de madurez. En ella, los títulos académicos, el estatus social y la condición financiera no reflejan la riqueza interior ni significan éxito en la libertad de pensar, en el arte de la contemplación de lo bello, en el placer de vivir. La escuela de la existencia es amplia, pues abarca toda nuestra trayectoria de vida, incluyendo también la institución educacional.

La escuela de la existencia es tan compleja que en ella se puede leer una cantidad sinfín de libros de autoayuda y seguir, aún así, siendo inseguro y teniendo dificultad de tratar con las contrariedades. En ella, el éxito más grande no está fuera de las personas, sino en conquistar tierras dentro de uno mismo; la jornada más grande no es la exterior, sino la interior, recorriendo los trayectos del propio existir. En esa escuela, los mejores alumnos no son aquellos que se enorgullecen de sus éxitos, sino los que reconocen sus conflictos y sus limitaciones.

Todos nosotros pasamos por ciertas angustias y ansiedades, pues algunos de los infortunios de la vida son imprevisibles e inevitables. En la escuela de la existencia se aprende que se gana experiencia no solo con los aciertos y las conquistas, pero muchas veces, con las derrotas, las pérdidas y el caos emocional y social. Fue en esa escuela tan sinuosa que Jesús se hizo el Maestro de los maestros.

Él fue maestro en una escuela donde muchos intelectuales, científicos, psiquiatras y psicoterapeutas son pequeños aprendices. Muchos psiquiatras y psicoterapeutas poseen elegancia intelectual mientras están dentro de sus consultorios. Son lúcidos y coherentes cuando están involucrados en el relacionamiento terapéutico con sus pacientes. Pero, la vida real palpita fuera de los consultorios de psiquiatría y psicoterapia. Así, cuando están delante de sus propias frustraciones, pérdidas y dolores emocionales, presentan dificultad para mantener la lucidez y la coherencia.

De la misma forma, muchas personas que frecuentan una reunión empresarial, científica o religiosa presentan un comportamiento sereno y lúcido mientras están reunidas. Y cuando se encuentran frente a los terrenos turbulentos de la vida, no saben evaluarse, ser tolerantes, y trabajar con dignidad sus contrariedades.

La mejor forma de conocer la inteligencia de una persona es observándola, no en los ambientes sin estímulos estresantes, pero en los territorios donde ellos están presentes.

¿Quién usa habitualmente las angustias existenciales, las ansiedades, los estreses sociales, los desafíos profesionales para enriquecer el arte de pensar y madurar la personalidad? Vivir con dignidad y madurez la vida que pulsa en el palco de nuestra existencia, es un arte que todos tenemos dificultad en aprender.

Por la elegancia con que manifestaba sus pensamientos, Cristo probablemente usaba cada angustia, cada pérdida, cada contrariedad como una oportunidad para enriquecer su comprensión de la naturaleza humana. Era tan sofisticado en la construcción de los pensamientos que hasta de sus miserias hacía poesía. Decía poéticamente que: «Las zorras tienen guaridas, y las aves del cielo nidos; mas el Hijo del Hombre no tiene dónde recostar su cabeza» (Mateo 8.20). ¿Cómo puede alguien hablar elegantemente de su propia miseria? Jesús era un poeta de la existencia. Sus biografías revelan que él reconocía y reciclaba sus dolores con frecuencia. Así, para no ser destruido por ellos, los usaba como base para su inteligencia.

El carpintero de Nazaret vivió en el anonimato la mayor parte de su existencia, pero, cuando se manifestó revolucionó el pensamiento y el vivir humano. Su proyecto era audaz. Él afirmaba que primero el interior —o sea, el mundo de los pensamientos y de las emociones— debía ser transformado; si no, el cambio exterior no tendría estabilidad, no pasaría de mero maquillaje social (Marcos 7.17-23; Juan 8.36). Para Cristo el cambio exterior era una consecuencia de la transformación interior.

A pesar de la inteligencia de Cristo ser excepcional, el reunía todas las condiciones para confundir el pensamiento humano. Nació en una pequeña ciudad. Su nacimiento fue entre los animales, sin cualquier espectáculo social, estética o apariencia.

Su vida había comenzado mal, con menos de dos años ya estaba condenado a la muerte por Herodes. Sus padres a pesar de la riqueza interior, no tenían cualquier expresión social. La ciudad donde creció era despreciada. Su profesión era humilde. Su cuerpo fue castigado por las dificultades de la vida, y por eso algunos lo consideraban envejecido para su edad (Juan 8.57).

No buscaba ser el centro de las atenciones. Cuando la fama llegaba a la puerta, buscaba recluirse y huir del asedio social. No se autopromovía ni se vanagloriaba. No hablaba claramente acerca de su identidad, ni aún para sus discípulos más íntimos, pero dejaba que ellos usasen la capacidad de pensar y la descubriesen por sí mismos. (Mateo 16.13-17). Hablaba frecuentemente en la tercera persona, refiriéndose a su Padre. Solamente hablaba en la primera persona en ocasiones especiales, en las cuales su osadía era impresionante, dejando a todos perplejos con sus palabras (Juan 6.13-52; 8.12-13; 8.58-59).

A Jesús le gustaba convivir con los desprovistos de valor social. Era el ejemplo vivo de una persona contraria a toda clase de discriminación. Nadie, por más inmoral y por más defectos que tuviese, era indigno de relacionarse con él. Cristo se entregaba sin esperar nada a cambio.

A diferencia de los escribas y fariseos, daba más importancia a la historia de las personas, que al «pecado» como un hecho inmoral. Entraba en el mundo de ellas, recorría la trayectoria de sus vidas. Le gustaba oírlas. El arte de oír era una joya intelectual para él.

Cristo no tenía formación psicoterapéutica, pero era un maestro de la interpretación, pues conseguía captar los sentimientos íntimos de las personas. Se daba cuenta de sus conflictos más ocultos y actuaba sobre ellos con inteligencia y eficiencia. Era común que se anticipara y diera respuestas a preguntas que aún no habían sido hechas o que las personas no tenían coraje de expresar (Lucas 7.39-40; 11.17).

Reaccionaba con educación hasta cuando lo ofendían profundamente. Era amable hasta cuando corregía o reprendía a alguien (Juan 8.48-51; 53-54). No exponía en público los errores de las personas, pero las ayudaba con discreción, considerándolas por encima de sus errores, conduciéndolas a que se autoevaluasen.

Aunque fuera elocuente, exponía y no imponía sus ideas. No persuadía ni trataba de convencer a las personas a que creyeren en sus palabras. No las presionaba para que lo siguiesen, solamente las invitaba (Juan 6.35). La responsabilidad de creer en él era exclusivamente de ellas. Sus parábolas no producían respuestas listas pero estimulaban el arte de la duda y la producción de pensamientos.

Jesús no contestaba a las preguntas cuando era presionado, siendo fiel a su propia consciencia. Aunque fuera muy amable, no adulaba a nadie. No usaba medios obscuros para conseguir lo que quería. Por eso, era más fácil que las personas quedasen perplejas delante de sus pensamientos y reacciones antes de comprenderlo. Él fue, de hecho, una gran prueba para los líderes de Israel. Cristo fue y sigue siendo un gran enigma para la ciencia y para los intelectuales de todas las generaciones. Hoy, probablemente no pocas personas que afirman seguirlo quedarían perturbadas si vivieran en aquella época.

Cristo confundía la mente de las personas que pasaban por él y, a la vez, promovía en ellas (y hasta en sus opositores) profunda admiración. María, su madre, se impresionaba con el comportamiento del hijo y con sus palabras desde la niñez. Cuando él hablaba, ella oía en silencio sus palabras (Lucas 2.45-51). Tenía solo doce años de edad, y los doctores de la ley, admirados, se sentaban a su alrededor para oír su sabiduría (Lucas 2.39-44). Sus discípulos se quedaban constantemente atónitos con su inteligencia, mientras sus opositores enmudecían delante de su conocimiento y estaban siempre atentos para escuchar sus palabras (Mateo 22.22). Hasta Pilato parecía un niño perturbado delante de él (Mateo 27.13-14). Con la arrogancia y el autoritarismo que le daba el Imperio Romano, Pilato no podía soportar el silencio de Cristo en su interrogatorio. La humildad y serenidad que demostraba, incluso delante del riesgo de morir, chocaba la mente de Pilato. La esposa del emperador, que no participaba del juicio de Cristo pero sabía lo que estaba sucediendo, quedó inquietada, soñó con él y tuvo el descanso perturbado (Mateo 27.19).

Las personas discutían a menudo a cerca de quién era ese misterioso hombre que mostraba tener un origen tan humilde. Por su intrigante y estimulante inteligencia, Cristo probablemente fue la causa de insomio más grande de su época.

2 | Jesucristo: ¿un personaje real o imaginario?

Las cuatro biografías de Jesús

Jesús tiene cuatro biografías que son llamadas evangelios: el de Mateo, el de Marcos, el de Lucas y el de Juan. Marcos y Lucas no pertenecían al grupo de los doce discípulos. Ellos escribieron basados en un método de investigación de personas que habían convivido íntimamente con Cristo. Esas biografías no son biografías al estilo clásico, como las que conocemos en la actualidad. Pero, como los evangelios retratan la historia de Jesús, podemos decir que representan su biografía.

Todo científico es un indagador tenaz, un aventurero en las trayectorias de lo desconocido y un gran cuestionador de todo lo que ve y escucha. Investigar con criterio aquello que se ve y se escucha es respetarse a uno mismo y a su propia inteligencia. Si alguien no respeta a su propia inteligencia, no puede respetar aquello en que cree. No deberíamos aceptar nada sin antes realizar un análisis crítico de los fenómenos que observamos.

Por muchos años busqué estudiar las biografías de Cristo. Muchas veces me pregunté si él habría realmente existido. Cuestionaba si él no habría sido una invención literaria, fruto de la imaginación humana.

Esta es una cuestión fundamental, y no hay por qué temer investigarla. Antes de estudiar este punto, permítanme que hable un poco acerca del ateísmo.

Aquellos que se dicen ateos tienen como temas preferidos a Dios o a la negación de Su existencia. A todo ser humano, no importa quien sea, ateo o no, le gusta incluir a Dios en la lista de sus ideas más importantes. ¿Realmente no cree en Dios la mayoría de los ateos? La mayoría de los ateos fundamentan su ateísmo no en un conjunto de ideas profundas acerca de la existencia o no de Dios, sino como resultante de su indignación contra las injusticias, incoherencias y discriminaciones sociopolíticas cometidas por la religiosidad dominante en determinada época de la historia.

Cuando todos pensaban que Voltaire, el ilustre pensador del iluminismo francés, era ateo, el proclamó al final de su vida: «Muero adorando a Dios, amando a mis amigos, no detestando a mis enemigos, pero detestando la superstición».* La mayoría de los ateos practica un ateísmo social, un «socioateísmo» fundamentado en la antireligiosidad, y no en una producción de conocimiento inteligente, descontaminada de distorsiones intelectuales, de pasiones y tendencias psicosociales acerca de la existencia o no de Dios.

Probablemente yo fui más ateo que muchos de aquellos que se consideraban grandes ateos, como Karl Marx, Friedrich Nietzsche y Jean Paul Sartre. Por eso, como ya dije, pesquisaba la inteligencia de Jesucristo preguntándome constantemente si él era fruto de la imaginación humana, de la creatividad literaria, o si realmente había existido. Como pesquisidor de la inteligencia, fui a investigar en el campo de mi especialidad, o sea, en el campo de la construcción de los pensamientos descritos en las

---

*Durant,Will, *Historia de la Filosofía* (Editorial Buenos Aires, 1952).

cuatro biografías de Jesús. Pesquisé la lógica, los límites y el alcance de su inteligencia.

Hay más de cinco mil manuscritos del Nuevo Testamento, y eso hace que sea el mejor documento de los escritos antiguos. Muchas copias fueron hechas en fechas próximas a la de los originales. Hay cerca de setenta y cinco fragmentos con fechas desde el año 135 A.D. hasta el siglo VIII. Todos estos datos, sumados al trabajo intelectual producido por los estudiosos de paleografía, arqueología y crítica textual, nos garantizan que poseemos un texto del Nuevo Testamento digno de confianza, que contiene las cuatro biografías de Cristo, los cuatro evangelios. Los fundamentos arqueológicos y paleográficos pueden ser útiles para darnos un texto fidedigno, pero no analizan el propio texto; por lo tanto, no sirven para aclarar la duda si Jesús fue real o fruto de la creatividad intelectual humana. Son limitados para proveer datos para un análisis psicológico amplio acerca de los pensamientos de Cristo y de las intenciones de los autores originales de los evangelios. Para analizar esos textos, es necesario profundizar en el propio texto e interpretarlo de diferentes perspectivas y, en lo posible, libre de pasiones y tendencias. Fue lo que intenté hacer.

Estudié las cuatro biografías de Jesús y busqué pesquisar hasta lo que estaba entre líneas en esos textos, tanto los más diversos niveles de coherencia intelectual que en ellos había, como las intenciones conscientes e inconscientes de sus autores. Utilicé diferentes versiones para eso. Busqué también pesquisar cada idea, cada reacción, cada momento de silencio y cada pensamiento que Cristo produjo en las diversas situaciones que vivió, principalmente en sus momentos de estrés. Yo necesitaba saber si estaba analizando la inteligencia de una persona real o imaginaria.

El resultado de esa investigación es muy importante. Mis pesquisas me podrían conducir a tres caminos: permanecer en la duda, convencerme de que Jesucristo fue el fruto más espectacular de la imaginación humana, o creer que él realmente existió, que fue una persona real que anduvo y respiró en la tierra.

Llegué a una conclusión que pasaré a demostrar y a defender de aquí en adelante, como si fuera una tesis.

Las intenciones conscientes e inconscientes de los autores de los evangelios

Si estudiamos las intenciones conscientes e inconscientes de los autores de los evangelios, concluiremos que ellos no tenían la intención de fundar una filosofía de vida, de promover un héroe político, de construir un líder religioso, ni de crear un hombre delante del cual el mundo se debería postrar. Ellos deseaban solamente describir una persona diferente que cambió completamente sus vidas. Querían registrar hechos ocurridos, aunque fueran incomprensibles y raros a los lectores, que su maestro vivió; sus palabras y pensamientos. Si nos adentramos en el centro de los pensamientos descritos en los evangelios, nos daremos cuenta de que hay muchos factores que comprueban que Cristo tenía una personalidad incomparable, distinta, sin par, imprevisible.

Dos de los autores de los evangelios eran discípulos íntimos de Cristo (Mateo y Juan). El evangelio de Marcos fue escrito basado probablemente en los relatos de Pedro: Marcos era tan íntimo de Pedro que fue considerado por él como un hijo (I Pedro 5.13). Entonces concluimos que tres de esos autores tuvieron una estrecha relación con su personaje. ¿Cristo era real o fruto de la imaginación de esos autores? Vamos a las evidencias.

Si los evangelios fueran fruto de la imaginación literaria de esos autores, ellos no hablarían mal acerca de sí mismos, no comentarían la actitud frágil y vergonzosa que tuvieron al dispersarse cuando Cristo fue arrestado. Cuando él se entregó a sus oponentes y dejó su elocuencia y sus hechos sobrenaturales a un lado, los discípulos se volvieron frágiles y confusos. En aquel momento, tuvieron vergüenza de él y sintieron miedo. En aquella situación estresante las ventanas de sus mentes fueron cerradas y ellos lo abandonaron.

Pedro juró que no negaría a Cristo. Amaba tanto a su maestro, que dijo que, si fuera posible, se moriría con él. Pero, en una situación difícil lo negó. Y no solo una vez, sino tres veces, y aun delante de personas sin ningún poder político. ¿Quién dijo a los autores de los cuatro evangelios que Pedro negó a Cristo tres veces delante de algunos siervos? ¿Quién relató su actitud vergonzosa, si nadie de su círculo de amigos sabía que él lo había negado? Pedro mismo tuvo el valor de decirles. ¿Qué autor hablaría mal de sí mismo? Pedro no solo relató los hechos ocurridos, sino que también expuso los detalles de su negación. Para Lucas, él relató algunos detalles significativos que estudiaremos.

¿Con quién Pedro, que cuando joven era un rudo e inculto pescador, aprendió a ser tan sincero, tan honesto consigo mismo, a punto de hablar de sus propias miserias? Él tuvo que haber aprendido con alguien que, seguramente, admiraba mucho. Alguien que tuviese características tan complejas en su inteligencia que hubiera sido capaz de enseñar a Pedro a evaluarse y a reciclar profundamente sus valores existenciales. El Cristo descrito en los evangelios tenía tales características. Hasta delante de situaciones tensas, donde una pequeña simulación lo libraría de grandes sufrimientos, Jesús escogía ser honesto consigo mismo. Pedro aprendió con él el difícil arte de ser fiel a su propia consciencia, a asumir sus errores y fragilidades. Lo que indica que ese Cristo no era un personaje literario, sino una persona real.

Si los autores de los evangelios quisieran producir conscientemente un héroe religioso, ellos, como sus discípulos, no desnudarían la vergüenza que tuvieron de él momentos antes de su muerte, pues eso impediría a mucha gente de seguir a ese supuesto héroe, aún si fuera ficticio. Este hecho representa un fenómeno inconsciente que confirma la intención de los discípulos de describir a un hombre diferente que realmente vivió en la Tierra. Cuando Cristo fue arrestado, insultado y golpeado, el joven Juan lo abandonó, huyó desesperadamente, juntamente con los otros discípulos.

Además de eso, Juan, el autor del cuarto evangelio, describió con coraje su fragilidad e impotencia delante del dramático dolor físico y psicológico de su maestro en la cruz (Juan 19.26).

¿Cuándo escribió Juan su evangelio? Cuando estaba viejo, cerca del año 90 A.D., más de medio siglo después de haber ocurrido ese hecho. Todos los apóstoles probablemente ya habían muerto. Como en esa época algunos estaban abandonando las líneas básicas de las enseñanzas de Cristo, Juan, en su vejez, describió todo lo que había visto y oído. ¿Qué se espera de una persona muy vieja, que está en el final de la vida? Que ella no tenga más ninguna necesidad de fingir, omitir o mentir acerca de los hechos que vio y vivió. El viejo Juan no se escondió detrás de sus palabras. Él no solo discurrió acerca de una persona, Cristo, que marcó profundamente la historia de su vida, como tampoco en su descripción se olvidó de comentar su propia fragilidad. Esto es extraño a la literatura. Solo tiene sentido que un autor exponga sus debilidades de esta forma, si su deseo es retratar la biografía real de un personaje que está más allá de ellas.

Las personas tienden a esconder sus fragilidades y sus errores, mas los biógrafos de Jesucristo aprendieron a ser fieles a su consciencia. Con él aprendieron el arte de extraer sabiduría de los errores. Al estudiar sus biografías, comprobamos que la intención consciente e inconsciente de sus autores era apenas expresar con fidelidad aquello que habían vivido, aunque eso fuera totalmente raro a los conceptos humanos.

Si Cristo hubiera sido fruto de la imaginación de sus biógrafos, ellos no solo tendrían omitidos los dramáticos momentos de dudas que vivieron, como también tendrían omitidos de sus escritos la dramática angustia que el propio Cristo sufrió en la noche en que fue delatado, en el Getsemaní. Un día yo tal vez escriba acerca de ese momento sin par y los fenómenos psicológicos ocurridos en ese ambiente. Aquí mi comentario será resumido.

En aquella noche, Jesús mostró la dimensión del cáliz que iba a beber, el dolor físico y psicológico que iría a soportar. Si los autores de los evangelios hubiesen programado la creación de un personaje, hubieran escondido el dolor, el sufrimiento de Cristo y el contenido de sus palabras. Hubieran apenas comentado sus momentos de gloria, sus milagros, su popularidad. La descripción del dolor de Cristo es la evidencia de que él no era una creación literaria. No vivió un teatro; lo que él vivió fue relatado.

Ellos tampoco hubieran registrado el silencio de Jesucristo cuando él estaba delante del juzgado de los principales sacerdotes y políticos. Por el contrario, hubiesen puesto respuestas brillantes en su boca. Durante su vida, él pronunció palabras sabias y elocuentes que dejarían pasmas hasta las personas más rígidas. Pero, cuando Pilato, intrigado, lo interrogó, él se quedó callado. En el momento cuando Jesús más necesitaba de argumentos, el prefirió callarse. Con su vida de inteligencia, podría escapar del juicio. Pero sabía que aquel juicio era parcial e injusto. Enmudeció, y en ningún momento buscó defenderse de todo lo que había hecho y hablado en público. Él simplemente se entregó a sus oponentes y dejó que ellos juzgasen sus palabras y su comportamiento. Él fue juzgado, humillado y murió de forma injusta, y sus biógrafos describieron eso.

Cristo no podría haber sido fruto de la creatividad intelectual de algún autor

Por un lado, hay muchos eventos psicológicos que demuestran claramente que los autores de los evangelios no tenían la intención consciente o inconsciente de crear un personaje literario como Cristo; por otro lado, necesitamos investigar si la mente humana tiene capacidad para crear una personalidad como la de él. Veamos.

Cristo no se comportaba ni como héroe ni como antihéroe. Su inteligencia era sin par. Sus comportamientos escapaban de los patrones del intelecto humano. Cuando todos esperaban que él hablase, él callaba. Cuando todos esperaban que él sacase provecho de los hechos sobrenaturales que practicaba, pedía a las personas ayudadas por él que no dijesen a nadie lo que él había hecho. Evitaba cualquier tipo de ostentación. ¿Qué autor podría imaginar un personaje tan intrigante como ese?

En la noche en que fue traicionado, facilitó su arresto, pues llevó consigo solo tres de sus discípulos. No quiso que la multitud que siempre lo acompañaba estuviera presente en aquél momento. Aun con la presencia de algunos discípulos, hubo alguna agresividad en aquella situación, pues Pedro lastimó al siervo del sumo sacerdote. Jesús no quería derramamiento de sangre ni cualquier forma de violencia. Se preocupaba igualmente de la seguridad de las personas que lo seguían y la de aquellos que lo arrestaron (Juan 18.8). ¡Es distinto y muy raro que una persona se preocupe del bienestar de sus opositores! Cristo profetizó su muerte algunas veces y facilitó su propio arresto.

El mundo se postró a sus pies, no por la inteligencia de los autores de los cuatro evangelios, pues en ellos no se percibe la intención de producir un texto con gran estilo literario. El mundo lo reverenció porque sus pensamientos y actitudes eran tan elocuentes que hablaban por sí mismos, no necesitaban de arreglos literarios por parte de sus biógrafos.

Lo que llama la atención en las biografías de Cristo son sus comportamientos poco comunes, sus comportamientos que sobrepasan las ideas corrientes, su capacidad de preocuparse del dolor de cada ser humano mismo delante de su propio dolor. Veremos que sus ideas eran tan sorprendentes que no hay precedente histórico. Hasta sus momentos de silencio tenían gran significado. Creo que diversas situaciones, expresadas en sus cuatro biografías, poseen tantos secretos intelectuales que muchas no fueron comprendidas ni aún por sus autores en la época en que las escribieron.

Las reacciones de Cristo realmente vienen en contra de nuestros conceptos, estereotipos y paradigmas (modelos de comprensión y patrones de reacción). Veamos su entrada triunfal en Jerusalén.

Después de haber viajado por un largo tiempo toda la región de Galilea, innumerables personas pasaron a seguirlo. Ahora, había llegado el momento de entrar por segunda y última vez a Jerusalén, el gran centro religioso y político de Israel. En aquel momento, Cristo estaba en el máximo de su popularidad. Las personas eufóricas lo proclamaban como rey de Israel (Marcos 11.10). Algunos discípulos, que hasta este momento no estaban conscientes de su deseo, hasta disputaban quién sería el mayor si él conquistase el trono político (Marcos 10.35-37). Los discípulos y la multitud estaban extasiados. Entretanto, una vez más el adoptó una actitud imprevisible que impactó a todos.

Cuando esperaban que él entrase triunfante a Jerusalén, con ostentación, seguido de un gran séquito, Cristo asumió una actitud clara y elocuente que demostraba su rechazo a cualquier tipo de poder político, ostentación y estética exterior. Él mandó que algunos de sus discípulos le trajesen un pequeño animal, un asno, y tuvo el coraje de montar aquel torpe animal. Así fue como aquel hombre superadmirado entró a Jerusalén.

Nada es más cómico y desproporcionado que el balanceo de un hombre transportado por un asno. El animal es fuerte, pero es pequeño. Quién se lo monta no sabe dónde poner los pies, si los levanta o los arrastra por el suelo.

¡Qué escena impresionante! Las personas, otra vez, quedaron sorprendidas con el comportamiento de Cristo. Una vez más no pudieron entenderlo. Los discípulos, que estaban eufóricos con todo el apoyo popular, recibieron un «chorro de agua fría». Pero, las personas, confundidas y al mismo tiempo admiradas, pusieron sus ropas en el piso para que él pasara y lo exaltaban como el rey de Israel.

Ellas querían proclamarlo como un gran rey y él demostraba que no deseaba ningún poder político. Querían exaltarlo, pero él expresaba que, para alcanzar sus objetivos, el camino era la humildad, la necesidad de aprender a autoevaluarse. Cristo proponía una revolución que se iniciaba en el interior del ser humano, en el íntimo de su ser, y no en el exterior, en la estética política. Es impresionante, pero él no se mostraba ni un poco preocupado, como generalmente quedamos, con la apariencia, el poder, el estatus social, la opinión pública.

Imaginen al presidente de los EUA, en el día de la asunción a su mandato, solicitando a sus auxiliares que le consiguieran un pequeño animal, como un asno, para llevarlo a la Casa Blanca. Seguramente ese presidente sería animado a ir inmediatamente a un psiquiatra. La creatividad intelectual no logra formar una personalidad que tenga una inteligencia refinada y al mismo tiempo, tan despojada y humilde.

Una persona, en el apogeo de su popularidad, explota de orgullo y cambia el patrón de sus reacciones. Algunas, aunque humildes y humanitarias, al subir un pequeño escalón de la fama, pasan a mirar el mundo desde arriba y se ponen, aunque inconscientemente, por encima de sus pares.

Cristo estaba en el tope de su éxito social, pero, en vez de ponerse por encima de los otros, bajó todos los escalones de la simplicidad y de la humildad y dejó a todos perplejos con sus acciones. Si hubiese entrado a la ciudad caminando, hubiera sido más digno y menos impactante. Pero, él prefirió montarse a un pequeño animal para romper los paradigmas de las personas que lo observaban y abrir las ventanas de sus mentes hacia otras posibilidades.

La personalidad de Cristo escapa de los límites de la imaginación. Su inteligencia oscilaba entre los extremos. En algunos momentos expresaba una gran elocuencia, coherencia intelectual y seguridad y, en otros, daba un salto cualitativo y exprimía el máximo de sencillez, resignación y humildad.

Cristo poseía una personalidad tan requintada que se manifestaba como una melodía que sonaba entre los extremos de las notas musicales. Conozco muchas personas: psiquiatras, psicólogos, intelectuales, científicos, escritores, empresarios. Entre tanto, nunca encontré a nadie cuya personalidad poseyera características tan sorprendentes cuanto las de él.

¿Quién, en el apogeo del éxito, conserva sus raíces más íntimas? Esa pérdida de raíces delante de la fama no siempre ocurre por determinación del «yo», sino por procesos que escapan al control del «yo». Muchos, después de alcanzar cualquier tipo de éxito, pierden, aunque inconsciente e involuntariamente, no apenas sus raíces históricas, sino también su capacidad de contemplación de lo bello delante de los pequeños eventos de la rutina diaria. Por eso, con el pasar del tiempo, diversas personas que conquistaron la notoriedad se enfadan con la fama y terminan buscando una vida más reservada.

¿Será que algunos personajes de la literatura mundial llegaron cerca a la personalidad de Jesucristo? Desde que Gutenberg inventó las técnicas gráficas modernas, decenas de miles de autores crearon millones de personajes en la literatura. ¿Será que alguno de esos personajes tuvo una personalidad con las características de la de Jesús? ¡Ahí está un buen desafío para la investigación! Realmente creo que no. Las características de Cristo escapan del patrón del espectáculo de la inteligencia y de la creatividad humana.

En el pasado, Cristo era para mí, un fruto de la cultura y de la religiosidad humanas. Pero, después de años de investigación, me he convencido de que no estoy estudiando la inteligencia de una persona ficticia, imaginaria, pero sí de alguien real, que anduvo y respiró aquí en la tierra. Es posible rechazarlo, pero si investigamos sus biografías no hay cómo negar su existencia y reconocer su perturbadora personalidad. La personalidad de Cristo es imposible de ser construida por la imaginación humana.

Las diferencias en las biografías de Cristo sustentan la historia de un personaje real

Por algunos años yo pensé que las pequeñas diferencias que existían entre los textos comunes de los cuatro evangelios disminuían su credibilidad. Con el avance de mi análisis, comprendí que esas diferencias también eran importantes para comprobar la existencia de Cristo. Comprendí que sus biografías no tenían la intención de ser copias unas de las otras. Eran resultado de la investigación de diferentes autores en diferentes épocas acerca de alguien que tenía una historia real.

Todos los evangelios hablan acerca de Pedro negando a Cristo. Pero, cuando Pedro lo negó por tercera vez, solamente Lucas comenta en su evangelio que Jesús, en aquel momento, miró a Pedro fijamente en los ojos (Lucas 22.61). Las diferencias de relatos en los cuatro evangelios, al contrario de lo que muchos pueden pensar, no testifican contra la historia de Cristo, sino sustentan su credibilidad. Veamos esta tesis.

Lucas era médico y, como tal, aprendió a investigar los eventos detalladamente. Tenía un «ojo clínico» apurado, debía detectar datos que nadie observaba o valoraba. Cuando, muchos años después de la muerte de Cristo, interrogó a Pedro y recolectó detalles de aquella escena, captó un gesto de Jesús que pasó desapercibido a los otros autores de los evangelios. Percibió que Cristo, aunque golpeado y ultrajado, aún así, se olvidó de su dolor y se preocupó por Pedro. Este comentó con Lucas que, en el instante que él lo negaba por tercera vez, Jesús se volvió hacia él y lo miró profundamente.

La mirada de Cristo esconde en las entrelíneas complejos fenómenos intelectuales y una profunda afabilidad emocional. Hasta en el extremo de su dolor él se preocupaba por la angustia de los demás, siendo capaz de romper el instinto de preservación de la vida y acoger y alentar a las personas, aunque fuera con una mirada.

¿Quién es capaz de preocuparse por el dolor de los otros en el ápice de su propio dolor? Si muchas veces queremos que el mundo gire en derredor de nuestras necesidades cuando estamos emocionalmente tranquilos, ¡imagínese cuando estamos sufriendo, amenazados, desesperados!

Pedro tal vez solo haya tenido la comprensión plena de la dimensión de esa mirada treinta años después de la muerte de Cristo, o sea, después que Lucas, con su mirada clínica, investigó la historia del propio Pedro, vislumbró aquella escena y la describió en el año 60 A.D., fecha probable en que él escribió su evangelio.

El evangelio de Lucas es un documento histórico bien pesquisado y detallista. Él consultó testigos oculares, seleccionó las informaciones y las organizó de forma adecuada. Como médico, tenía fuerte inclinación por retratar temas de medicina (Lucas 1.1-2). Dio mucha atención a los acontecimientos relacionados al nacimiento de Cristo. Investigó a Elisabet y a María, por eso fue el único que describió sus cánticos, lo mismo que los pensamientos íntimos de María. Lucas demostró una atracción particular por la historia de la personas, por eso describió a Zaqueo, el buen samaritano, el ex leproso grato y el publicano arrepentido y nos cuenta la parábola del hijo pródigo. Lucas era un investigador detallista que percibió particularidades de Cristo. Notó que hasta su mirada tenía gran significado intelectual.

Como dije, los demás autores de los evangelios no notaron esa mirada de Cristo, por eso no la registraron. Esas diferencias en sus biografías, comprueban que ellas fueron fruto de un proceso de investigación realizado por diferentes autores que destacaron diversos aspectos históricos. Los evangelios son cuatro biografías «incompletas», producidas en épocas diferentes, por personas que fueron cautivadas por la historia de Jesucristo.

Esas biografías tienen coherencia, sofisticación intelectual, pensamientos osados, ideas complejas. Son resumidas, económicas, no tienen la orgullosa intención de recibir elogios.

Cristo, en algunos momentos, revelaba claramente sus pensamientos, pero en seguida se ocultaba en las entrelíneas de sus reacciones y de sus parábolas, lo que hacía que fuera difícil comprenderlo. Él se revelaba y se ocultaba continuamente. ¿Por qué tenía tal comportamiento? Su historia nos muestra que no era solamente porque no buscaba el brillo social, sino porque tenía un gran propósito: quería producir una revolución en el interior del ser humano, una revolución transformadora, difícil de ser analizada. Quería producir un cambio en lo más íntimo del espíritu y de la mente humana, capaz de producir tolerancia, humildad, justicia, solidaridad, admiración de lo bello, cooperación recíproca, sensibilidad a la angustia ajena.

Su comportamiento, de mostrarse y ocultarse continuamente, tenía también como objetivo provocar la inteligencia de las personas con las cuales convivía. Como veremos, él deseaba, romper la dictadura de la precaución y la cárcel intelectual de esas personas. Nadie fue tan lejos en cuanto a querer destruir los rígidos cimientos intelectuales y buscar transformar la humanidad.

3 | La timidez y la omisión de la ciencia en investigar la inteligencia de Cristo

La promesa de la ciencia y la frustración dejada

En el siglo XIX y principalmente en el XX la ciencia tuvo un desarrollo explosivo. En paralelo, el ateísmo floreció como nunca. La ciencia progresaba conforme a lo mucho que prometía. Apoyados en la ciencia, los seres humanos se volvieron osados en sus sueños de progreso y modernidad. Millones de ellos, incluso muchos intelectuales, sacaron a Dios de sus vidas, de sus historias, reemplazándolo por la ciencia. Ella prometía llevarlos a crecer mucho en los aspectos de la prosperidad biológica, psicológica y social. La solidaridad aumentaría, la ciudadanía florecería, el humanismo llenaría las relaciones sociales, la riqueza material se expandiría y alcanzaría a todos los seres humanos, la miseria social sería extinguida y la calidad de vida alcanzaría niveles superiores. Las guerras, las discriminaciones y las demás violaciones de los derechos humanos serían recordadas como máculas de las generaciones pasadas. ¡Bello sueño!

La ciencia ofrecía una gran esperanza, que a pesar de no ser expresada en palabras, era fuerte y arrebatadora. Había una promesa sentida a cada momento en que se daba un avance espectacular en la ingeniería civil, en la mecánica, en la electrónica, en la medicina, en la genética, en la química, en la física, y otras. La expansión del conocimiento era incontrolable. Cada ciencia se multiplicaba en otras nuevas. Cada calle del conocimiento se expandía, volviéndose un barrio entero lleno de informaciones. Fue encontrado un microcosmos dentro de las células. Se descubrió un mundo dentro de los átomos. Se comprendía un mundo con billones de galaxias que laten en el espacio. Se produjo un universo de posibilidades en las memorias de los computadores.

La ciencia se desarrolló intensamente, pero frustró a la humanidad. Por un lado, hizo y sigue haciendo mucho. Provocó una revolución tecnológica en el mundo extrapsíquico y hasta en el cuerpo humano, por medio de los exámenes de laboratorio y de las técnicas de medicina. Revolucionó el mundo extrapsíquico, el mundo exterior de las personas, pero no el mundo intrapsíquico, el mundo interior, las profundidades de la mente. Guió al ser humano en el descubrimiento del inmenso espacio y del pequeño átomo, pero no lo llevó a explorar su propio mundo interior. Produjo vehículos automotores, pero no vehículos psíquicos capaces de conducir las personas en los trayectos de su propio ser. Fabricó máquinas para arar la tierra y garantizar alimentos para saciar el hambre física, pero no produjo principios psicológicos y sociológicos para «arar» la rigidez intelectual, el individualismo y alimentarlo con civismo, con tolerancia, con preocupación por los otros. Ofreció informaciones y multiplicó las universidades, pero no solucionó la deficiencia de formar pensadores.

La ciencia no produjo la tan esperada revolución del humanismo, de la solidaridad, de la preservación de los derechos humanos. No cumplió las promesas más básicas de expandir la calidad de vida psicosocial del mundo moderno.

Hombres y mujeres del final del siglo XX se sintieron traicionados por la ciencia y los del tercer milenio se sienten hoy frustrados, perdidos, confundidos, sin base intelectual para apoyarse.

El conocimiento y las miserias psicosociales

Millares de personas logran definir las partículas de los átomos que nunca vieron, pero no alcanzan comprender que el color de la piel blanca o negra, tan perceptibles a los ojos, no sirven de parámetro para distinguir dos personas de la misma especie, que poseen el mismo espectáculo de la construcción de pensamientos. ¿Somos, a cada generación, una especie más feliz, humanitaria, solidaria, complaciente, tolerante y menos enferma psíquicamente? Desafortunadamente, ¡no!

El conocimiento abrió nuevas e impensables perspectivas. Las escuelas se multiplicaron. Las informaciones nunca fueron tan democratizadas, tan accesibles. Estamos en la era de la educación virtual. Millones de personas estudiarán en universidades sin salir de sus casas. Pero, ¿dónde están los pensadores que dejan de ser espectadores pasivos y se vuelven en agentes modificadores de su historia existencial y social? ¿Dónde están los ingenieros de ideas creativas, capaces de superar las dictaduras de la preconcepción y las causas de estrés? ¿Dónde están los poetas de la inteligencia que desarrollaron el arte de pensar? ¿Dónde están los humanistas que no anhelan que el mundo gire a su alrededor, que vencen la paranoia del individualismo, que trascienden la paranoia de la competición agresiva y saben entregarse socialmente?

Los seres humanos nunca utilizaron tanto la ciencia. Entretanto, nunca desconfiaron tanto de ella. Ellos saben que la ciencia no solucionó los problemas básicos de la humanidad. ¿Cuál es la consecuencia de eso? Es que la fuerte corriente del ateísmo que se inició en el siglo XIX y que siguió por buena parte del siglo XX fue rota. La ciencia, como dije, progresaba conforme a lo mucho que prometía. Apoyados en los cimientos de la ciencia, hombres y mujeres se ganaron status de dioses, pues creían ser capaces de extirpar completamente sus propias miserias. Así que, durante muchas décadas el ateísmo floreció como un jardín vivo. Todavía, con el fracaso de la ciencia, el ateísmo cayó como las cartas de una baraja, se derrumbó, y el misticismo floreció. Fuimos de un extremo al otro.

Percibiendo las miserias psicosociales a su vuelta y observando las noticias negativas saltando todos los días de los periódicos, las personas comenzaron a buscar a Dios. Ellas, que no creían en nada, pasaron a creer en todo. Ellas, que eran tan incrédulas, pasaron a ser tan crédulas. Todo tipo de creencia es respetable, pero es igualmente respetable ejercer el derecho de pensar antes de creer, y creer con madurez y consciencia crítica. El derecho de pensar con consciencia crítica es nobilísimo.

La ciencia y la complejidad de la inteligencia de Cristo

La ciencia fue tímida y omisa en pesquisar algunas áreas importantísimas del conocimiento. Una de ellas se relaciona a los límites entre la psique y el cerebro. Hemos viajado por el inmenso espacio y penetrado en lo íntimo del pequeño átomo, pero la naturaleza intrínseca de la energía psíquica, que nos hace seres que piensan y sienten emociones, permanece un enigma.

Otra actitud tímida y omisa de la ciencia a lo largo de los siglos está vinculada a la investigación del personaje principal de este libro: Jesucristo. La ciencia lo consideró demasiado complejo. Sí, él lo es, pero ella fue tímida en investigar su inteligencia. ¿Por ventura aquél que dividió la historia de la humanidad no merecía ser mejor investigado? La ciencia lo consideró inalcanzable, distante de cualquier análisis. Dejaron esa tarea exclusivamente para los teólogos.

Hay por lo menos dos formas de que una persona sea dejada de lado: cuando es considerada sin ningún valor o cuando es tan valorada que se vuelve inalcanzable. Cristo fue rechazado por diversos «intelectuales» de su época por ser considerado un perturbador del orden social y religioso. Hoy día, al contrario, es tan valorado que muchos lo consideran intocable, distante de cualquier investigación. No obstante, como ya afirmé, a él le gustaba ser investigado con inteligencia.

La omisión y la timidez de la ciencia permitieron que Cristo fuese excluido de las discusiones académicas, no siendo estudiado en las aulas. Su inteligencia compleja no es objeto de pesquisa de las tesis de posgrado. Aunque la inteligencia de Jesús contenga principios intelectuales sofisticados, capaces de estimular el proceso de interiorización y el desarrollo de las funciones más importantes de la inteligencia, ella realmente fue excluida de los currículos escolares.

Es muy raro que alguien comente que la inteligencia de Cristo era perturbadora, que ella rompía la cárcel intelectual de las personas, que abría las ventanas de las mentes de ellas. Todos admiten que él fue un ejemplo vivo de mansedumbre y humildad, pero nadie comenta que él era insuperable en el arte de pensar.

Algunas herramientas usadas para investigar la inteligencia de Cristo

El Maestro de los maestros de la escuela de la existencia fue excluido de la escuela clásica. Centenares de millones de personas lo admiran profundamente, pero solo una minoría estudia los detalles de su inteligencia. Gran parte de ellas no tienen idea de como él deseaba provocar una transformación psicosocial del interior para el exterior del ser humano, una transformación que la ciencia prometió en las entrelíneas de su desarrollo y no cumplió.

Antes de seguir estudiando la inteligencia de Cristo, me gustaría explicar algunos de los medios básicos de la construcción de la inteligencia humana.* Haré un pequeño resumen del proceso de construcción de

---

*Para profundizar en ese tema, sugiero el libro *Inteligência Multifocal*, [Inteligencia Multifocal] de mi autoría, que contiene una nueva teoría acerca del funcionamiento de la mente, la construcción de la inteligencia y el proceso de la formación de los pensamientos.

los pensamientos, de los papeles de la memoria y de la dictadura de la preconcepción.

Los fenómenos que aquí estudiaré servirán como herramientas para investigar algunos principios fundamentales de la inteligencia de Jesucristo, que serán aplicados y explicados a lo largo de este libro.

La inteligencia de Cristo delante de la ansiedad y del control de los pensamientos

La inteligencia del carpintero de Nazaret era tan impresionante que él predicaba acerca de temas que solo serían averiguados por la ciencia diecinueve siglos después, con el surgimiento de la psiquiatría y de la psicología. Cristo se adelantó al tiempo y habló acerca de la más frecuente de las enfermedades psíquicas, la ansiedad (Mateo 6.25-34). La ansiedad detiene el placer de vivir, lleva a la irritabilidad, estimula la angustia y produce un universo de enfermedades psicosomáticas.

La medicina, como ciencia milenaria, siempre miró la psiquiatría y la psicología desde arriba, con alguna desconfianza, pues las consideraba ciencias nuevas e inmaduras. Muchos estudiantes de medicina, hasta en la escuela dónde me gradué, no daban gran importancia a las clases de psiquiatría y psicología. Querían estudiar los órganos del cuerpo humano y sus enfermedades, pero despreciaban el funcionamiento de la mente. Aunque, en las últimas décadas, la medicina ha abandonado su postura orgullosa y buscado estudiar y tratar el ser humano integral —cuerpo, alma y psique—, pues se ha dado cuenta de que muchas enfermedades cardiovasculares, pulmonares, gastrointestinales, y otras, tienen como causa trastornos psíquicos, entre los cuales sobresale la ansiedad.

Jesús predicó acerca de una enfermedad que solamente ahora ha ocupado los principales capítulos de la medicina. Probablemente, en el tercer milenio, un excelente médico será ante todo un profesional con buenos conocimientos de psiquiatría, psicología y cultura general.

Será un profesional menos inclinado a pedir exámenes de laboratorio y prescribir medicamentos y más interesado en dialogar con sus pacientes, alguien con habilidad para penetrar en el mundo de ellos, detectar sus niveles de ansiedad y ayudarlos a superar los dolores existenciales. Será un profesional que tendrá una línea de pensamiento semejante a aquella pregonada hace tantos siglos por Cristo. Él era el maestro del diálogo.

Ese maestro comprendía la mente humana y las dificultades de la existencia con una lucidez refinada. Él se preocupaba con la calidad de vida de sus íntimos. Predicaba elocuentemente: «no andéis ansiosos por vuestra vida». Eso no significaba que no pudiesen tener ninguna reacción de ansiedad, sino que no viviesen ansiosos. En sus palabras, Cristo ya se refería a la ansiedad natural, normal, presente en cada ser humano, que se manifiesta naturalmente cuando estamos preocupados, cuando planeamos, cuando expresamos un deseo, cuando sufrimos alguna enfermedad o contrariedad. Todavía, según Jesús, esa ansiedad eventual, normal se puede volver enfermiza, un andar, un «caminar» ansioso.

En este libro, no me detendré en detalles sobre el pensamiento de Cristo acerca de la ansiedad. Quiero apenas comentar que él afirmaba que las preocupaciones exageradas con la supervivencia, los pensamientos anticipatorios, el enfrentamiento de problemas virtuales, la desvaloración del ser por el tener, cultivan la ansiedad enfermiza. El maestro de la escuela de la existencia era un gran sabio. Las causas que él apuntó no cambiaron al mundo moderno; al contrario, ellas se intensificaron.

Cuanto más conquistamos bienes materiales, mas queremos acumularlos. Parece no haber límites para nuestra inseguridad e insatisfacción. Valoramos más el «tener» que el «ser», o sea, poseer bienes más que ser tranquilos, alegres, coherentes. Esa inversión de valores trae la ansiedad y sus frutos, inseguridad, miedo, aprehensión, irritabilidad, insatisfacción, angustia (tensión emocional asociada a una presión en el pecho). La inseguridad es una de las principales manifestaciones de la ansiedad.

Hacemos seguros de vida, de la casa, del auto, pero aún así, no resolvemos nuestra inseguridad.

Cristo tenía razón: hay una ansiedad inherente al ser humano, relacionada a la construcción de pensamientos, influenciada por la carga genética, por influencias psíquicas y sociales. Solo no tiene esa ansiedad quién está muerto. Somos la especie que posee el mayor de todos los espectáculos, el de la construcción de pensamientos. Entretanto, muchas veces usamos el pensamiento en contra de nosotros mismos, para crear una vida ansiosa. Los problemas aún no ocurrieron, pero ya estamos angustiados por ellos. El evangelio de Mateo 6.34 dice: «Así que, no os afanéis por el día de mañana ... Basta a cada día su propio mal». Cristo quería vacunar a sus discípulos contra el estrés producido por pensamientos anticipatorios. No ignoraba las metas, las prioridades, los planes de trabajo, pues el mismo tenía metas y prioridades bien establecidas, pero quería que los discípulos no sufriesen a causa de problemas imaginarios.

Muchos de nosotros vivimos la paradoja de la libertad utópica. Por afuera somos libres porque vivimos en sociedades democráticas, mas por dentro somos prisioneros, esclavos de las ideas dramáticas y de contenido negativo que anticipan el futuro. Hay muchas personas que gozan de buena salud, mas viven miserablemente pensando en cáncer, infarto accidentes, pérdidas.

La enseñanza de Cristo relacionada a la ansiedad, era sofisticada, pues para practicarla, sería necesario conocer el complejo arte intelectual que todo ser humano tiene dificultad de aprender: el arte de gobernar sus pensamientos.

Gobernamos el mundo exterior, pero tenemos inmensa dificultad en gobernar el mundo interior, el de los pensamientos y de las emociones. Sufrimos por necesidades que nunca fueron prioritarias, por la paranoia del mundo moderno: el consumismo, la estética, la seguridad. Así, la vida humana, que debería ser un espectáculo de placer, se trasforma en un espectáculo de terror, de miedo, de ansiedad. Nunca tuvimos tantos síntomas psicosomáticos: dolores de cabeza, dolores musculares, cansancio excesivo, sueño perturbado, trastornos alimenticios, como la bulimia y la anorexia nerviosa, etc. Una parte significativa de los adolescentes norteamericanos tiene problemas de obesidad y la ansiedad es una de las principales causas de este trastorno.

Para comprender la importancia de la gestión de los pensamientos y de las dificultades de ejecutarlos, necesitamos contestar por lo menos dos grandes preguntas acerca del funcionamiento de la mente. ¿Cuál es la mayor fuente de entretenimiento humano? ¿Pensar es una actividad inevitable? o ¿es un trabajo intelectual voluntario que depende solamente de la determinación consciente del propio hombre?

La mayor fuente de entretenimiento humano no es la televisión, o el deporte, la literatura, la sexualidad, o el trabajo. La respuesta está dentro de cada uno de nosotros. Es el mundo de las ideas, de los pensamientos, que el ser humano construye clandestinamente en su propia mente, y que produce sus sueños, sus planes, sus aspiraciones.

¿Quién logra interrumpir la construcción de pensamientos? Es imposible. El propio intento de interrupción ya es un pensamiento. Pensamos durante los sueños, cuando estamos trabajando, caminando, conduciendo.

Las ideas representan un conjunto organizado de cadenas de pensamientos. El flujo de las ideas que cruzan a cada momento en el escenario de nuestra inteligencia no puede ser detenido. Todos somos viajantes en el mundo de las ideas: viajamos al pasado, reconstruyendo experiencias ya vividas; viajamos al futuro, imaginando situaciones todavía inexistentes; viajamos también a los problemas existenciales.

Los jueces viajan en sus pensamientos mientras juzgan a los reos. Los psicoterapeutas viajan mientras atienden a sus pacientes. Los científicos viajan mientras pesquisan. Los niños viajan a sus fantasías. Los adultos, a sus preocupaciones. Los ancianos, a sus recuerdos.

Unos construyen proyectos y otros, castillos intangibles. Unos viajan menos en sus pensamientos, otros viajan más, concentrándose poco en sus tareas. Esas personas piensan que tienen déficit de memoria, pero, a la verdad, poseen apenas déficit de concentración por causa de la hiperproducción de pensamientos.

Pensar no es una opción voluntaria del ser humano; es su destino inevitable. No podemos interrumpir la producción de pensamientos, solo podemos gobernarlos. Es imposible interrumpir el flujo de pensamientos, pues además del yo (voluntad consciente) existen otros tres fenómenos: el del autochequeo de la memoria, el ancla de la memoria y el complejo autoflujo,* que hacen automáticamente una lectura de la memoria y producen innumerables pensamientos diarios que son importantes tanto para la formación de la personalidad como para producir una gran fuente de entretenimiento, pudiendo convertirse también en la mayor fuente de ansiedad humana.

Cristo prevenía tanto en contra la ansiedad como predicaba acerca del placer de vivir. Decía: «considerad los lirios del campo» (Mateo 6.28). Quería que las personas fueran alegres, inteligentes, pero simples. Pero, así como sus discípulos, nosotros no sabemos contemplar los lirios de los campos, o sea, no sabemos extraer el placer de los pequeños momentos de la vida. La ansiedad estanca ese placer. A pesar de que el maestro de la escuela de la vida predicaba acerca de la ansiedad y sus causas, su propuesta en relación al sentido de la vida y al placer de vivir era tan sorprendente que, como analizaremos en el próximo capítulo, choca con la psiquiatría, la psicología y las neurociencias.

---

*Cury, Augusto J. Inteligência Multifocal [Inteligencia Multifocal] (São Paulo: Cultrix, 1995).

A lo largo de casi dos décadas pesquisando el funcionamiento de la mente humana, comprendí que no hay ser humano que no tenga problemas en la gestión de sus pensamientos y emociones, principalmente durante los momentos de tensión. El desafío más grande de la educación no es conducir a las personas a ejecutar tareas y dominar el mundo que las rodea, sino conducirlas a controlar sus propios pensamientos, su mundo intelectual.

Es posible tener estatus y éxito social y ser una persona insegura delante de las contrariedades, incapaz de controlarse en las situaciones estresantes. Es posible tener éxito económico, pero ser un «rico pobre» sin el placer de vivir, de contemplar los pequeños detalles de la vida. Es posible viajar por el mundo y conocer varios continentes, pero no haber andado los caminos de su propio ser ni conocerse a sí mismo. Es posible ser un gran ejecutivo y controlar una multinacional, pero no tener dominio sobre los propios pensamientos y reacciones emocionales, ser un espectador pasivo delante de las heridas psíquicas.

Cristo no frecuentó la escuela, no estudió las letras, pero fue el Maestro de los maestros en la escuela de la vida. Era tan sofisticado en su inteligencia que practicaba la psiquiatría y la psicología preventiva cuando estas aún no existían.

La inteligencia de Cristo delante de los papeles de la memoria

¿Cómo trataba Cristo los papeles de la memoria? ¿Usaba la memoria humana como un almacén de informaciones? ¿Tenía un comportamiento lúcido y coherente delante de la historia de sus discípulos?

Cristo usaba los papeles de la memoria de modo distinto a muchas escuelas clásicas. Poseía una sabiduría impresionante. No daba una infinidad de informaciones para sus íntimos ni tampoco reglas de conducta, como muchos piensan. Usaba la memoria como un soporte para hacer de ellos una élite de pensadores. En los capítulos acerca de la escuela de la existencia estudiaremos esos puntos. Aquí, comentaré solo la línea principal del pensamiento de Jesús delante de los papeles de la memoria.

Las escuelas son fundamentales en una sociedad, pero ellas han mantenido sus alumnos durante siglos en las clases, creyendo que la memoria posee una calidad que en realidad no posee: de ser un sistema de archivo de informaciones que nos hace retransmisores de ellas. La idea común y corriente es creer que todo lo que se almacena en la memoria será recordado de modo puro. Aunque, al contrario de lo que muchos educadores y otros profesionales piensan, no existen recuerdos puros de las alegrías, de las angustias, fracasos y de los éxitos que fueron registrados en la memoria existencial (ME). Solamente son recordadas de modo más puro las informaciones de uso continuado como direcciones, números telefónicos y fórmulas matemáticas que fueron registradas repetidas veces en la memoria de uso continuado (MUC).

El pasado no es recordado, pero reconstruido. Los recuerdos son siempre reconstrucciones del pasado, nunca completamente fieles, a veces presentando micro o macro diferencias. Al recordar el día en que recibimos el primer certificado en la escuela, sufrimos un accidente, fuimos ofendidos, recibimos un elogio, el recuerdo siempre será distinto de la realidad del pasado.

La memoria no es un sistema de archivo lógico, una enciclopedia de informaciones, ni la inteligencia humana funciona como retransmisora de esas informaciones. La memoria funciona como un almacén lleno de informaciones para que las tomemos y construyamos los pensamientos. Cristo estaba consciente de eso, pues usaba la memoria como trampolín para expandir el arte de pensar. Estaba siempre estimulando a sus discípulos a que se autoevaluasen y recapacitasen.

¿Por qué la memoria humana no funciona como la memoria de las computadoras? ¿Por qué no recordamos el pasado exactamente como fue? Aquí se esconde un gran secreto de la inteligencia. No recordamos el pasado con exactitud no solo por las dificultades de registro cerebral, sino también porque uno de los más importantes papeles de la memoria no es transformar al ser humano en un repetidor de informaciones del pasado, sino en un ingeniero de ideas, un constructor de nuevos pensamientos. Ese secreto de la mente humana necesita ser añadido a las teorías educacionales.

Nunca se logra rescatar la realidad de las experiencias del pasado, ni siquiera cuando se está en tratamiento psicoterapéutico. La película del presente nunca es igual a la del pasado. Ese fenómeno, además de estimularnos a ser ingenieros de ideas, contribuye para liberar la inteligencia en situaciones dramáticas. Por ejemplo, una madre que pierde un hijo podría paralizar su inteligencia, pues recordaría seguidamente a lo largo de la vida la misma experiencia del dolor vivido en el velatorio. Pero, como el recuerdo del presente es siempre distinto de aquél del pasado, la madre va poco a poco aliviando inconscientemente el dolor de la pérdida, aunque siempre vaya a extrañarlo. Con eso, ella vuelve a tener placer en vivir.

Sin tales mecanismos intelectuales, resumidamente explicados, no solo las experiencias de dolor y fracaso podrían paralizar nuestras inteligencias, como también las alegrías y éxito nos podrían mantener girando alrededor de ellos.

Cristo estaba continuamente conduciendo sus discípulos a pensar antes de reaccionar, a abrir las ventanas de sus mentes delante del miedo, de los errores, de los fracasos y de las dificultades. Estimulaba los papeles de la memoria y el proceso de construcción de pensamientos.

Vuelvo a repetir, la lectura multifocal de la memoria y la reconstrucción continua del pasado nos llevan a ser ingenieros creativos de nuevas ideas, y no albañiles de las mismas obras. Pero no contribuimos a ese proceso, como hacía el maestro de Nazaret; al contrario, nosotros lo estorbamos, pues, en vez de exigir de nosotros mismos la flexibilidad y la creatividad, preferimos tener óptima memoria y ser repetidores de informaciones, y eso encarcela la inteligencia.

Ese error educacional se ha arrastrado por siglos y aumenta cada vez más mientras el ser humano anhele tener una memoria y una capacidad de respuesta semejante a las computadoras. Las computadoras son esclavas de programas lógicos. Ellas no piensan, no tienen consciencia de sí mismas y, principalmente, no dudan ni se emocionan.

Muchos alumnos no se adaptan al estilo de enseñanza tradicional y son considerados incompetentes o deficientes porque el modelo educacional no siempre estimula adecuadamente las funciones de la memoria. Los propios exámenes escolares pueden representar, a veces, un intento de reproducción inadecuada de informaciones. Necesitamos comprender que la especialidad de la inteligencia humana es expandir el arte de pensar, crear, libertar el pensamiento, y no memorizar y repetir informaciones.

Veremos que, por conocer bien los papeles de la memoria, el Maestro de la escuela de la existencia enseñaba mucho hablando poco. Deseaba que las personas no fueran repetidoras de reglas de comportamiento, solo capaces de juzgar a los otros, pero sin saber evaluarse ni enfrentar sus propios errores, como los fariseos, de acuerdo al relato de Mateo 7.3: «¿Y por qué miras la paja que está en el ojo de tu hermano, y no echas de ver la viga que está en tu propio ojo?» Somos excelentes para juzgar y criticar a los demás. Sin embargo, él no admitía que sus discípulos vivieran un maquillaje social. Primero tenían que apuntar el dedo hacia sí mismos, para después juzgar y ayudar a los otros.

Estudiando las entrelíneas de sus ideas, concluimos que Cristo sabía que los pensamientos no se registran con la misma intensidad, que hay algunas experiencias que obtienen un registro privilegiado en el inconsciente de la memoria. Por eso, toda vez que deseaba enseñar algo complejo o estimular una función importante de la inteligencia tal como aprender a entregarse, a pensar antes de reaccionar, a recapacitar la competición agresiva, Jesús usaba gestos sorprendentes que impactaban en la mente de las personas y dejaban huellas para siempre en sus memorias.

El Maestro de los maestros entendía las limitaciones humanas, sabía cómo era difícil controlar las propias emociones, principalmente en los momentos de estrés. Sabía que fácilmente perdemos la paciencia cuando estamos estresados, que nos enojamos por pequeñas cosas y herimos a las personas que más amamos. Para él, lo malo es lo que sale de adentro de nosotros y no lo que está afuera. Es beneficioso para el ser humano actuar primero en su mundo intelectual para después aprender a ser un buen líder en el mundo social.

Cristo no admitía que las tensiones, la ira, la intolerancia, el juicio anticipado enredasen a sus discípulos. Estimulaba a sus íntimos a ser fuertes en un área en que acostumbramos ser débiles: fuertes para controlar la impaciencia, rápidos para reconocer las limitaciones, seguros para reconocer los fracasos, maduros para tratar las dificultades de las relaciones sociales (Mateo 5.1—7.29).

La preocupación del maestro tiene fundamento. Hay un fenómeno inconsciente que llamo fenómeno RAM (registro automático de la memoria) que graba inmediatamente todas las experiencias en la memoria. En las computadoras es necesario dar un comando para «guardar» las informaciones. Pero, en la memoria humana, la mente no nos da esa libertad. Cada pensamiento y emoción son registrados automática y espontáneamente, y por eso las experiencias del pasado están vivas en nuestro presente.

El fenómeno RAM registra todas nuestras experiencias de vida, tanto nuestros éxitos como nuestros fracasos, tanto nuestras reacciones inteligentes como las inmaduras. Entretanto, hay diferencias en el proceso de registro que influenciarán el proceso de lectura de la memoria.

Registramos de forma más privilegiada las experiencias que tienen más contenido emocional, sea de placer o angustia. Por eso tenemos más facilidad en recordar las experiencias más fuertes de nuestras vidas tanto las que nos trajeron alegrías como aquellas que nos frustraron. Estimular adecuadamente el fenómeno RAM es fundamental para el desarrollo de la personalidad, incluso para el éxito del tratamiento de pacientes depresivos, fóbicos y autistas.

Cristo no quería que las turbulencias emocionales fueran seguidamente registradas en la memoria tornando insensible la personalidad. Quería que sus discípulos fueran libres (Lucas 4.18; Juan 8.32). Libres en un territorio donde todo ser humano es fácilmente prisionero, sea un psiquiatra o un paciente: en el territorio de la emoción. El maestro de la escuela de la existencia casi veinte siglos antes de Goleman,* ya predicaba apuntando la energía emocional como una de las importantes variables que influencian el desarrollo de la inteligencia. Dejaría a los adeptos de la tesis de la inteligencia emocional boquiabiertos, con la forma como él trataba con las dificultades emocionales, superaba los dolores existenciales, desarrollaba la creatividad y abría las ventanas de la mente en las situaciones estresantes.

Si no actuamos con rapidez e inteligencia al tratar con nuestras ansiedades, intolerancias, impaciencias, miedos, nosotros los reforzaremos en nuestras memorias. Así, seremos nuestro propio enemigo, rehenes de nuestras propias emociones. Por eso muchos viven la paradoja de la cultura y de la miseria emocional. Poseen muchos títulos académicos, son cultos, pero, al mismo tiempo, son infelices, ansiosos y supersensibles, no saben absorber sus contrariedades, frustraciones y las críticas que reciben. Esas personas deberían reevaluarse e invertir en calidad de vida.

---

*Goleman, Daniel. *Inteligencia Emocional* (Ed. Kairos, 1999).

No está bajo el control consciente de las personas el registro de las informaciones en la memoria, así como tampoco está la capacidad de borrarlas. Pero es posible reescribirlas. ¿Usted ya pensó si fuera posible borrar los archivos registrados en la memoria? Cuando estuviéramos decepcionados, frustrados con determinadas personas, tendríamos la oportunidad de matarlas dentro de nosotros. Eso produciría un suicidio impensable de la inteligencia, un suicidio de la historia. Muchos de nosotros ya intentamos, sin éxito, borrar a alguien de nuestra memoria.

Cristo indicó a lo largo de la relación que tuvo con sus discípulos que tenía consciencia de que la memoria no podía ser borrada. Veremos que no quería destruir la personalidad de las personas que convivían con él. Al contrario, deseaba transformarlas en su íntimo, madurarlas y enriquecerlas. No deseaba anular la historia de ellas, sino deseaba que reescribiesen su historia con libertad y consciencia, que no tuviesen miedo de repensar sus dogmas y de revisar sus conflictos delante de la vida.

¿Cómo puede alguien que nació hace tantos siglos, sin ningún privilegio cultural o social demostrar un conocimiento tan profundo de la inteligencia humana? El maestro de Nazaret era un Maestro de la vida. Él usaba sus momentos de silencio, sus parábolas, sus reacciones para estimular a sus incultos discípulos a que fueran un grupo de pensadores capaces de tocar juntos la más bella sinfonía de la vida. Sin duda era un Maestro intrigante y estimulante. Estudiar la inteligencia de él es mucho más complejo que estudiar a Freud, Jung, Platón o a cualquier otro pensador.

La inteligencia de Cristo delante de la dictadura del preconcepto

Ahora estudiaremos el pensamiento de Cristo en las relaciones sociales. Analizaremos como él se comportaba delante de las personas socialmente despresadas y moralmente rechazadas. El maestro de la escuela de la vida tiene algunas lecciones a enseñarnos también en esa área.

El líder más grande no es aquél capaz de gobernar el mundo, sino el que es capaz de gobernarse a sí mismo. Algunos ejecutan con gran habilidad sus tareas profesionales, pero no tienen la habilidad de construir relaciones profundas, abiertas, flexibles y libres de angustias y ansiedades. Uno de los mayores problemas que paralizan la inteligencia y dificultan las relaciones sociales es la dictadura del preconcepto.

La prevención está íntimamente conectada a la construcción de pensamientos. Toda vez que estamos frente a algún estímulo, leemos automáticamente nuestra memoria y construimos pensamientos que contienen preconceptos acerca de ese estímulo. Por ejemplo, cuando estamos frente al comportamiento de alguien, usamos la memoria y producimos un preconcepto acerca de ese comportamiento. Así, frecuentemente tenemos un concepto previo de los estímulos que observamos, y por eso los consideramos correctos, inmorales, inadecuados, bellos, feos, etc.

Aquí hay un gran problema: la utilización de la memoria produce un preconcepto inevitable y necesario, pero, si no evaluamos esa prevención viviremos bajo su dictadura (control absoluto) y así, cerraremos nuestra inteligencia y nos cerraremos para otras posibles formas de pensar.

Cuando vivimos bajo la dictadura del preconcepto, encarcelamos el pensamiento, creamos verdades que no son verdades y nos tornamos radicales. Hay tres grandes clases de preconcepciones que producen la dictadura de la inteligencia: el histórico, el tendencioso y el radical. Este libro no pretende entrar en detalles acerca de esas clases de preconceptos.

En la medida en que adquirimos cultura, comenzamos a ver el mundo de acuerdo a los preconceptos históricos, o sea, con los conceptos, paradigmas y parámetros contenidos en esa cultura. Si un psicoanalista ve el mundo por los ojos del psicoanálisis, él se cierra para otras posibilidades de pensar. De igual modo, si un científico, o un profesor, un ejecutivo, un padre, un periodista, ve el mundo solo a través de los preconceptos contenidos en su memoria, puede estar bajo la dictadura del preconcepto, aunque no esté consciente de ello.

Las personas que viven bajo la dictadura del preconcepto no solo pueden ultrapasar los derechos de los otros e impedir su desarrollo intelectual, sino también herir sus propias emociones y experimentar una fuente de angustias. Ellas se vuelven implacables y radicales con sus propios errores. Se están siempre castigando y exigiendo de sí mismas un perfeccionismo inalcanzable.

Las precauciones están contenidas en la memoria, pero si no aprendemos a evaluarnos y a aplicar el arte de la duda y de la crítica en ellos, podemos tornarnos autoritarios, agresivos y herir tanto los derechos de los otros como los nuestros. ¿Por qué nuestra forma de pensar es, a veces, radical e incuestionable? Porque nos comportamos como semidioses. Pensamos como seres absolutos, que no dudan de lo que piensan, que no se autoevalúan. Quien conoce un poco la grandeza y la sofisticación del funcionamiento de la mente humana, se vacuna contra la dictadura del preconcepto. Cabe recordar que el preconcepto individual se puede regar y llegar a ser un preconcepto social, un paradigma colectivo.

¿Cómo trataba Cristo con la dictadura del preconcepto? ¿Era él una persona tolerante y sin preconceptos? ¿Lograba comprender el ser humano independientemente de su moralidad, de sus errores, de su historia?

Las biografías de Jesús muestran que él era una persona abierta e inclusiva. No clasificaba las personas. Nadie era indigno de relacionarse con él, por peor que hubiera sido su pasado.

Los fariseos y escribas en la época de Cristo eran especialistas en la dictadura del preconcepto. Para ellos, sus verdades eran eternas, el mundo era solamente del tamaño de su cultura. Rígidos en su forma de pensar, vivían en una cárcel espiritual. No usaban el arte de la duda contra sus prejuicios para limpiar sus mentes y abrirse a otras posibilidades de pensar. Por eso, no podían aceptar a alguien como Jesús, que derribaba todos los dogmas de la época e introducía una nueva forma de ver la vida y comprender el mundo.

Veamos un ejemplo de como Cristo trataba con la dictadura de la preconcepción.

Había una mujer samaritana cuya vida moral era considerada de la peor calidad. Ella vivió una historia poco común, totalmente fuera de los patrones éticos de su sociedad. Tuvo tantos «maridos» (cinco) que tal vez haya superado el límite de su época. Era una persona infeliz e insatisfecha. Su necesidad constante de cambiar de compañero sexual era una evidencia clara de su dificultad en sentir placer, pues nadie la completaba, las relaciones interpersonales que construía eran frágiles y sin raíces. Estaba angustiada interiormente y era rechazada exteriormente. Los propios samaritanos probablemente evitaban mirarla. Entre tanto, un día, algo inesperado sucedió. Cuando ella estaba sacando agua de un pozo, surgió una persona en el calor del día y cambió la historia de su vida. Cristo surgió en aquél momento y, para espanto de la mujer, charló con ella considerándola de forma especial, como un ser humano digno del mayor respeto.

Samaria era una región habitada por una mezcla de judíos con otros pueblos (los gentiles). Los «judíos puros» rechazaban a los «samaritanos impuros» (Juan 4.4-11), los samaritanos no reconocían a Jerusalén como centro de adoración a Dios. La mezcla racial de los samaritanos y su desprecio a los dogmas religiosos eran insoportables para los judíos.

La discriminación contra los samaritanos era tan fuerte que cuando los judíos querían ofender el origen de una persona, le decían samaritano.

Cuando Cristo apareció delante de aquella mujer ella estaba consciente de la discriminación de los judíos y esperaba que él, siendo un «judío puro», ciertamente la rechazase, no le dirigiese una palabra. Pero, él comenzó a dialogar largamente con ella. La mujer quedó impactada con su actitud y nadie lograba entender como él pudo romper una discriminación tan arraigada. Jesús sostuvo un diálogo profundo, elegante y amigable con la samaritana. No solo rompió la dictadura del preconcepto racial, sino también la del preconcepto moral. Para él aquella mujer era, sobre todo, un ser humano, independientemente de su raza y de su moral. Difícilmente alguien fue tan acogedor con aquellas personas consideradas indignas.

No tendré espacio en este libro para disertar acerca de la profundidad del diálogo que Cristo mantuvo con la samaritana, pero me gustaría llamar la atención hacia la dimensión de su actitud. Él no solamente acogió y dialogó con aquella mujer, sino que también tuvo el coraje de hacer algo que ningún fariseo ni habitante de su ciudad sería capaz, o sea hacerle un elogio. Cuando él preguntó por su marido, ella respondió que no tenía marido. Jesús elogió su sinceridad, su honestidad (Juan 4.17-18). Y comentó que ella había tenido cinco maridos y que el hombre con quien vivía no era su marido. ¿Qué hombre es ese que, en el caos de la inmoralidad, logra exaltar las personas?

Además de hacerle un elogio, Cristo le dijo que ella vivía insatisfecha, que necesitaba experimentar un placer más profundo que pudiera saciarla. Él la intrigó al decir que el agua que ella estaba sacando de aquel pozo iba a saciarla por poco tiempo, pero que él poseía una «fuente de agua» que podría satisfacerla para siempre. Realmente sus palabras fueron perturbadoras y extrañas.

La samaritana quedó impactada con la gentileza y la propuesta inesperada de Cristo. Eso era demasiado para una persona tan discriminada socialmente. Tal vez nunca alguien le había prodigado tanta atención ni se había preocupado con su felicidad. Todos la juzgaban según su comportamiento, pero probablemente nadie había investigado lo que pasaba en su interior. Por eso, de repente, ella dejó su cántaro, se olvidó de su sed física, se alejó de Jesús y corrió hacia su aldea animada y alegre. Parecía que la soledad, la angustia y el aislamiento que la encarcelaban y traían una intensa sed psíquica fueron rotos. Relató a los habitantes de su pequeña aldea el diálogo poco común que tuviera con Cristo.

Ella estaba tan alegre que ni se incomodó en asumir públicamente su historia. Aquí hay un principio interesante. Todas las personas que se tornaban íntimas de Cristo perdían espontáneamente el miedo de asumir su historia, se interiorizaban y se tornaban fuertes en reconocer sus fragilidades, lo que las dejaba emocionalmente saludables.

La samaritana decía a todos que había encontrado a uno que sabía la historia de su vida (Juan 4.28-30). Y decía que él era el Cristo que había de venir al mundo, el Cristo esperado por Israel. En este texto él no hizo ningún milagro. Pero, practicó gestos profundos y sublimes. Rompió la dictadura del preconcepto, destruyó toda forma de discriminación y consideró al ser humano especial, independientemente de su historia, de su moral, de sus errores, de su raza.

Las ciencias podrían haber sido enriquecidas con los principios de la inteligencia de Cristo

Si los principios sociológicos, psicológicos y educacionales contenidos en la inteligencia de Cristo hubiesen sido investigados y conocidos, podrían haber sido usados en toda el área educacional, desde el nivel fundamental hasta la universidad. Esos principios independientemente de la cuestión teológica, podrían haber enriquecido la sociedad moderna, que ha estado siendo contaminada por discriminaciones y múltiples formas de violencia.

Esos principios pueden ser muy útiles para la preservación de los derechos fundamentales del ser humano, para desobstruir la rigidez intelectual y para garantizar la libertad de pensar. Ellos estimulan la inteligencia y hasta el arte de la autoevaluación.

La inteligencia de Cristo abre preciosas ventanas que promueven el desarrollo de la ciudadanía y de la cooperación social. Ella también es capaz de expandir la calidad de vida, superar la soledad y enriquecer las relaciones sociales. En la sociedad moderna el ser humano vive aislado dentro de sí mismo, envuelto en un mar de soledad. La soledad es drástica, traicionera y silenciosa. Hablamos elocuentemente acerca del mundo en que estamos, pero no sabemos hablar del mundo que somos, de nosotros mismos, de nuestros sueños, de nuestros proyectos más íntimos. No sabemos hablar acerca de nuestras fragilidades, nuestras inseguridades, nuestras experiencias fundamentales.

El ser humano moderno habla mucho para comentar sobre el mundo donde está, pero enmudece delante del mundo que él es. Por eso, vive la paradoja de la soledad. Trabaja y convive con multitudes, pero, al mismo tiempo, está aislado dentro de sí.

Muchos solamente consiguen hablar de sí mismos delante de un psiquiatra o de un psicoterapeuta, profesionales que tratan no solo de enfermedades psíquicas como depresiones y síndromes del pánico, pero también de una importante enfermedad psicosocial: la soledad. Entre tanto, no hay técnica psicoterápica que sane la soledad. No hay antidepresivos ni calmantes que alivien el dolor que ella trae.

Un psiquiatra y un psicoterapeuta pueden oír íntimamente a un cliente, pero la vida no está dentro de los consultorios terapéuticos. El palco de la existencia transcurre del lado de afuera. En el suelo árido de las relaciones sociales es que la soledad tiene que ser tratada. Es en el mundo exterior que debemos construir canales seguros para hablar de nosotros mismos, sin prejuicios, sin miedo, sin la necesidad de exhibir lo que tenemos. Hablar demostrando solo aquello que somos.

¿Qué es lo que somos? ¿Somos una cuenta bancaria, un título académico, un estatus social? No. Somos lo que siempre fuimos, seres humanos. Las raíces de la soledad comienzan a ser tratadas cuando aprendemos a ser solo seres humanos. Parece contradictorio, pero tenemos muchas dificultades para regresar a nuestras raíces.

El diálogo en todos los niveles de las relaciones humanas se está muriendo. Las relaciones médico/paciente, profesor/alumno, ejecutivo/funcionario, periodista/lector, padre/hijo sufren frecuentemente por la falta de profundidad. ¿Hablar acerca de sí mismo? ¿Aprender a evaluarse y buscar ayuda? ¿Sacar nuestras máscaras sociales? Eso parece difícil de alcanzar. ¡Tal vez sea mejor quedarse mirando la tele, o conectado a la computadora viajando por la Internet!

Pude auxiliar, como psiquiatra y psicoterapeuta, a muchas personas de las más diferentes condiciones socioeconómicas y nacionalidades. Noté que, aunque nos guste clasificarnos y medirnos según lo que poseemos, tenemos una íntima sed de encontrar nuestras raíces como seres humanos. Los placeres más ricos de la existencia: la tranquilidad, las amistades, el diálogo que comparte experiencias existenciales, la contemplación de lo bello, son conquistados por lo que somos, y no por lo que tenemos.

Cristo creó canales de comunicación con sus íntimos. Trató de las raíces más profundas de la soledad. Construyó un relacionamiento abierto, rico afectivamente, sin preconceptos. Valoró elementos que el poder económico no pueden comprar, que están en el centro de los anhelos del espíritu humano, en lo íntimo de los pensamientos y de las emociones.

Cristo reorganizó el proceso de construcción de las relaciones humanas entre sus discípulos. Las relaciones interpersonales dejaron de ser un teatro superficial para ser fundamentadas en un clima de amor poético, regado con solidaridad, lleno de ayuda mutua, de un diálogo agradable. Los jóvenes pescadores que lo seguían, tan limitados culturalmente y con un mundo intelectual tan pequeño, desarrollaron el arte de pensar, conocieron caminos de tolerancia, aprendieron a ser fieles a sus consciencias, se vacunaron contra la competición predatoria, superaron la dictadura del preconcepto, aprendieron a trabajar sus dolores y sus frustraciones, en fin, desarrollaron las funciones más importantes de la inteligencia. La sociología, la psicología y la educación podrían ser más ricas si hubieran estudiado e incorporado los principios sociológicos y psicosociales de la inteligencia de Cristo.

4 | Si Cristo viviera hoy día, revolucionaría los fundamentos de la psiquiatría y de la psicología

C risto revolucionó el pensamiento de la sociedad en que vivió y rompió los parámetros sociales reinantes en su época. Era casi imposible tener una actitud de indiferencia ante su presencia. Las personas que lo conocían o lo amaban mucho o lo rechazaban drásticamente. Ante sus palabras, ellas se enfadaban intensamente, o abrían las ventanas de sus mentes y comenzaban a ver la vida de manera totalmente distinta. Si él hubiera vivido en los días de hoy, ¿provocaría turbulencia social, sorprendería la política y la ciencia? ¿Sus ideas siguen siendo intrigantes en la actualidad? ¿Será que sus pensamientos revolucionaron la sociedad en que vivió en razón de la falta de estudio de las personas de su época?, ¿o todavía hoy perturbarían los intelectuales y el pensamiento académico? ¿Qué dimensión tienen sus pensamientos? ¿Qué alcance tiene su propósito, su proyecto trascendental?

Contestar a estas preguntas es muy importante. Este es el objetivo de éste y de los dos capítulos siguientes. Tenemos que investigar si el pensamiento de Cristo no fue superdimensionado a lo largo del tiempo. El predicó con elocuencia acerca de la ansiedad, pero ¿qué impacto tienen sus palabras acerca del vivir con pleno placer en la psiquiatría?

Para contestar a esas cuestiones debemos simular algunas situaciones. Necesitamos transportar a Cristo a los días de hoy e imaginarlo reaccionando y exponiendo sus palabras en diversos eventos de la sociedad moderna. Y tenemos que imaginar una sociedad desprovista de toda cultura cristiana. Veamos algunas situaciones posibles.

La intrepidez de Cristo. El discurso sobre el pleno placer

Imaginemos a Cristo participando de un congreso internacional de psiquiatría cuyos temas principales son la incidencia, las causas y el tratamiento de las enfermedades depresivas.

Miles de psiquiatras están reunidos. Diversos conferencistas hablan sobre los síntomas básicos de los episodios depresivos, sobre el efecto de los antidepresivos y sobre el metabolismo de los neurotransmisores, como la serotonina, en el principio de las depresiones.[*] No hay grandes novedades, pero todos están allí reunidos buscando descubrir algunas ideas nuevas. Allí se encuentran también algunos psicoterapeutas comentando las técnicas más eficientes en el tratamiento de esas enfermedades.

¿Quién más está en aquel congreso? Sin duda, los representantes de la industria farmacéutica. No debemos olvidarnos de que se gastan miles de millones de dólares anualmente en el tratamiento farmacológico de las depresiones, por tanto, los grandes laboratorios están allí bien representados, ofreciendo un rico material didáctico para comprobar que su antidepresivo es el más eficiente y el que produce menos efectos colaterales. Una verdadera guerra científica y comercial es disputada en ese evento.

---

*Kaplan, Harold I., Sadoch, Benjamin J. *Sinopsis de Psiquiatría* (Ed. Médica Panamericana, 1999).

Ahora, recordemos algunos pensamientos de Cristo que fueron expuestos en la fiesta de los Tabernáculos, una conmemoración anual de la tradición judía. Jesús profirió pensamientos que estimularon la inteligencia de todas las personas presentes en aquel evento.

En aquella época, escribas y fariseos ya tenían la intención de matarlo. Él ya había sufrido serios riesgos de ser apedreado. Se convocaron reuniones para determinar cómo atraparlo y quitarle la vida. La mejor actitud que Cristo podría tener sería ocultarse, no estar presente en aquella fiesta o, si estuviera, mantenerse silencioso, con el máximo de discreción. Pero, su valor era impresionante, como si el miedo fuera una palabra excluida del diccionario de su vida.

Cuando todos pensaban que delante de aquella delicada situación él permanecería en silencio, en el último día de la fiesta él se levantó y, con intrepidez, anunció en voz alta para toda la multitud: «Si alguno tiene sed, venga a mí y beba. El que cree en mí, como dice la Escritura, de su interior correrán ríos de agua viva» (Juan 7.37-39). Sus palabras sonaron profundamente en lo más íntimo de las personas que oyeron, tanto de las que lo amaban como de aquellas que lo odiaban. Todas se quedaron atónitas, pues una vez más él usaba palabras poco comunes y hasta inimaginables.

Cristo en aquel momento, no habló de reglas de comportamiento, de crítica a la inmoralidad, de conocimiento religioso. Predicó sobre la necesidad de vivir con placer en su sentido más amplio. Tuvo el valor de decirles que podría producir en lo íntimo del ser humano un placer que fluye continuamente, una satisfacción plena, un éxtasis emocional, capaz de solucionar la angustia existencial de las personas. Creo que sus palabras no tienen precedente histórico, o sea, nadie jamás expresó pensamientos con ese contenido.

Posiblemente él quería decir que, a pesar de que todos estaban alegres en el último día de fiesta, al día siguiente terminaría aquel ciclo festivo y, a partir de ahí, el placer disminuiría y las tensiones diarias retornarían. Cristo tocaba poco en la cuestión moral y en las raíces de la psique humana, pues para él ahí estaba el problema de las miserias del ser humano.

Él daba a entender que sabía que la psiquis humana es un campo de energía que posee un flujo continuo e inevitable de pensamientos y emociones y que ese flujo constituye la mayor fuente de entretenimiento humano. Pero, quería transformar esa fuente, enriquecerla, tornarla estable y duradera. En su sofisticado diálogo con la samaritana, abordó el enriquecimiento de ese flujo vital en contraste con la insatisfacción existencial producida por el fracaso humano al intentar conquistar una fuente continua de placer.

El hombre saludable

Ahora, regresemos a nuestro congreso de psiquiatría e imaginemos Cristo proclamando las mismas palabras. Es el último día del congreso. El más prominente catedrático expuso en la más interesante conferencia acerca de la depresión. El auditorio está lleno.

El público está atento. El conferencista termina su charla e inicia el debate acerca del tema tratado. De repente, un hombre sin cualquier apariencia especial, que no vestía traje y corbata, toma el micrófono y con una intrigante osadía declara con voz estridente que posee el secreto de cómo hacer al ser humano plenamente alegre, satisfecho y feliz.

¿Cómo los psiquiatras, los psicoterapeutas y los científicos de las neurociencias reaccionarían delante de esas palabras? Antes de comenzar a evaluar el impacto que ellas causarían, necesitamos hacer algunas consideraciones acerca de los actuales niveles de la psiquiatría y de la psicología. El tema del congreso son los diversos tipos de depresión. Muchas veces, la depresión es considerada la última etapa del dolor humano. En esos casos, es más intenso que el dolor del hambre. Una persona hambrienta todavía preserva el instinto de vivir, y por eso hasta revuelve la basura para sobrevivir, mientras que las personas deprimidas pueden, aun delante de una mesa llena, no tener apetito ni deseo de vivir. El dolor emocional de la depresión es, a veces, tan intenso y dramático que no hay palabras para describirlo.

Frecuentemente solo comprende la dimensión del dolor de la depresión quién ya pasó por ella. Además del humor deprimido, las enfermedades depresivas tienen una rica sintomatología. Son acompañadas de ansiedad, desmotivación, baja autoestima, aislamiento social, insomnio, apetito alterado (aumentado o disminuido), fatiga excesiva, libido alterada, ideas de suicidio, y otros.

Necesitamos considerar que, en el estado actual del desarrollo de la psiquiatría y de la psicología, tratamos la enfermedad depresiva, pero no tenemos muchos recursos para prevenir la depresión. Tratamos de la persona enferma, deprimida, pero sabemos poco acerca de cómo preservar la persona sana, prevenir el primer episodio depresivo. La psiquiatría y la psicología clínica tratan con relativa eficiencia los trastornos depresivos, obsesivos, el síndrome del pánico, pero no son capaces de traer de vuelta la alegría, el sentido existencial, el placer de vivir. No saben como promover la salud del ser humano total, como tornarlo un inversor en sabiduría, como desarrollar las funciones más importantes de la inteligencia.

Prevenir los episodios depresivos y reciclar las influencias genéticas para el humor deprimido por medio del desarrollo del arte de pensar, del control de los pensamientos negativos, de la capacidad de trabajar los estímulos estresantes todavía es un sueño en la actual evolución de la psiquiatría. Del mismo modo, expandir la capacidad de sentir placer delante de los pequeños estímulos de la rutina diaria, aprender a autoevaluarse, a vivir una vida plenamente tranquila en la turbulenta escuela de la existencia, también parecen un sueño en el actual estado de la psicología.

El discurso de Cristo revolucionaría la psiquiatría y la psicología

Entonces, imaginemos a Cristo, en el actual desarrollo de la psiquiatría y de la psicología, participando en aquel congreso científico. De repente, él se levanta y afirma que si alguien cree en él, si vive la forma de vida que él propone, de su interior saldrá un placer inagotable, fluirá un «río» de satisfacción plena, capaz de irrigar todo el trayecto de su vida. Seguramente todas las personas en aquel congreso quedarían impactadas con tales afirmaciones. Todos se estarían preguntando cómo ese hombre tuvo el coraje de afirmar que posee el secreto de cómo hacer fluir del cierne de la mente humana un sentido existencial pleno. ¿Qué pensamientos son esos? ¿Cómo es posible alcanzar tal experiencia de placer? Sus palabras provocarían un gran escándalo, generando protestas de muchos y, al mismo tiempo, ¡profunda admiración de otros!

Él no sería condenado a la muerte como en su época, pues las sociedades modernas se han democratizado, pero, si insistiese en esa idea, sería expulsado del evento o sería catalogado como paciente psiquiátrico. Pero ¿cómo alguien puede ser criticado por decir palabras tan osadas e impenetrables y, al mismo tiempo, ser intelectualmente lúcido, emocionalmente tranquilo, capaz de entender los sentimientos humanos más profundos y de superar las dictaduras de la inteligencia? Cristo, de hecho, es un misterio.

En algunas ocasiones, Cristo profería pensamientos totalmente raros que eran cercados de enigmas, escapando completamente de la imaginación humana. Aunque él tocase en la necesidad íntima de satisfacción del ser humano, sus palabras eran sorprendentes, inesperadas. Si lo investigáramos con mucho criterio, concluiríamos que, al contrario de lo que muchos piensan, su deseo no era producir reglas morales, ideas religiosas, corriente filosófica, sino transformar la naturaleza humana, introducirla en un clima de placer y sentido existencial.

Probablemente, nunca nadie predicó con tanta elocuencia acerca de esas necesidades fundamentales del ser humano.

Cristo era audaz. Sabía que sus palabras revolucionarían la inteligencia de su época y, por cierto, las generaciones siguientes, pero aún así no se intimidaba, pues era fiel a su pensamiento. Hablaba con seguridad y determinación acerca de lo que estaba dentro de sí mismo, aunque dejase muchas personas confundidas delante de sus palabras o sufriese riesgo de muerte.

Si esas palabras fuesen dichas en nuestros días, algunos psiquiatras se sentirían tan perturbados al oírlas que comentarían entre sí: «¿Quién es ese hombre que proclama tales ideas? Estamos en la era de los antidepresivos que actúan en el metabolismo de la serotonina y de otros neurotransmisores. Nosotros solo sabemos actuar en la miseria del paciente psíquicamente enfermo, no sabemos hacer de él alguien más contemplativo, solidario y feliz. ¿Cómo puede alguien tener la pretensión de proponer una vida emocional e intelectual intensamente rica y plena de calidad?» Otros tal vez comentasen: «Si no sabemos cómo detener nuestras propias angustias, nuestras propias crisis existenciales, ¿cómo puede alguien proponer un placer pleno, sin fin, que fluye del interior de las personas?»

Cristo, de hecho dijo palabras inalcanzables en la actual evolución de la ciencia. Sus metas en cuanto al placer y al sentido existencial son tan elevadas que representan un sueño aún no soñado por la psiquiatría y por la psicología del siglo XXI. Sus propuestas son muy atrayentes y van al encuentro de las necesidades más intimas de la especie humana, que, aún que posea el poder de la construcción de pensamientos, está desubicada, se somete a muchas enfermedades psíquicas, tiene dificultad en contemplar lo bello y vivir un placer estable.

Creer o no en las palabras de Cristo es una cuestión personal, íntima, pues sus pensamientos huyen a la investigación científica, sobrepasan la esfera de los fenómenos observables.

Las ideas e intenciones de Cristo, al mismo tiempo que representan una bellísima poesía que a cualquier ser humano le gustaría declamar, modifican la forma como comprendemos la vida. Él no solo sorprendió profundamente la cultura de su época, como también perturbaría la ciencia y la cultura modernas si hubiera vivido en nuestros días.

5 | Cristo perturbaría el sistema político

Cristo quería producir una revolución en el interior
del ser humano

Cristo tenía conocimiento de la miseria social del ser humano y de la ansiedad que estaba en la base de su supervivencia. Quería sinceramente aliviar esa carga de ansiedad y tensión que cargamos a lo largo de nuestras vidas (Mateo 6.25-34). Aunque tenía plena consciencia de la angustia social y del autoritarismo político que las personas vivían en su época, él detectaba una miseria más profunda que la sociopolítica, una miseria presente en lo más íntimo del ser humano y fuente de todas las otras miserias e injusticias humanas.

Cristo actuaba poco sobre los síntomas: su deseo era atacar las causas fundamentales de los problemas psicosociales de la especie humana. Por eso, al estudiar su propósito más ardiente, comprendemos que su revolución era en lo íntimo del hombre, y no en la política. Un cambio que se inicia en el espíritu humano y se expande por toda su psique renovando su mente, expandiendo su inteligencia, transformando íntimamente la manera en la cual el ser humano se comprende a sí mismo y el mundo que lo rodea, garantizando así, un cambio psíquico y social estable.

Cristo predicaba que solamente por medio de esa revolución silenciosa e íntima seriamos capaces de vencer la paranoia del materialismo no inteligente y del individualismo y desarrollar los sentimientos más altruistas de la inteligencia, como la solidaridad, la cooperación social, la preocupación por el dolor de los demás, el placer contemplativo, el amor como fundamento de las relaciones sociales.

¿Quién puede cuestionarlo? La historia ha confirmado, a lo largo de las sucesivas generaciones, que él tenía la razón. El comunismo calló y no produjo el paraíso de los ricos. El capitalismo trajo un gran desarrollo tecnológico y socioeconómico. Todavía, el capitalismo necesita de innumerables correcciones, pues es sostenido por la paranoia de la competición predatoria, por el individualismo, por la valoración de la productividad por encima de las necesidades intrínsecas de la humanidad. La democracia, que ha sido una de las más importantes conquistas de la inteligencia humana para garantizar el derecho a la libertad de conciencia y de expresión, no detuvo algunas llagas psicosociales fundamentales de la sociedad moderna tales como la violencia psicológica, las discriminaciones, la fármacodependencia, la exclusión social.

Ahora vamos a regresar al ambiente en que Cristo vivía. Como expliqué, el intentó desarrollar una revolución clandestina en la psique y en el espíritu humano. En diversas ocasiones, demostró claramente que su trono no estaba en Jerusalén. Para espanto de todos, declaró que su reino se localizaba en el interior de cada ser humano. Jerusalén era la capital cultural y religiosa de Israel, donde los escribas y fariseos, que eran los líderes políticos y los intelectuales de la época, amaban, como algunos políticos de hoy, los mejores puestos en los banquetes, el estatus y el brillo social (Mateo 23.5-7).

Cristo sabía que en Jerusalén esos líderes jamás aceptarían ese cambio en la naturaleza humana, esa transformación en el pensamiento y en la forma de ver el mundo. De hecho, su propuesta, al mismo tiempo bella y atrayente, era osadísima. Conducir a las personas a interiorizar y reciclar sus paradigmas y conceptos culturales es una tarea casi imposible cuando ellas son intelectualmente rígidas y cerradas. Él sabía y preveía que, cuando abriese la boca, los líderes de Israel decidirían aborrecerle, rechazarle y perseguirle. Por eso estuvo por largo tiempo en Galilea antes de ir a Jerusalén.

Israel traicionó su deseo histórico de libertad

Israel siempre preservó su identidad como nación y valoró intensamente su libertad e independencia. Su pueblo tiene una historia única y, de cierta forma, poética. Abraham, el patriarca de ese pueblo, dejó valientemente la conturbada tierra de Ur de los caldeos y se fue en búsqueda de una tierra desconocida.

Abraham era un hombre íntegro y determinado. Él dio origen a Isaac. Isaac dio origen a Jacob, que recibió el nombre de Israel, que significa «príncipe de Dios». Israel tuvo doce hijos, que dieron origen a las doce tribus. De la tribu de Judá salieron los reyes de Israel. El nombre «judío» es derivado de la tribu de Judá. Las raíces milenarias de ese pueblo culturalmente rico impedían que se sometiera al yugo de cualquier emperador. Solamente la fuerza agresiva de los imperios sofocaba el ardiente deseo de libertad e independencia de esa nación.

A causa de su deseo compulsivo de libertad, el pueblo de Israel sufrió situaciones dramáticas en algunos periodos históricos, como en el tiempo de Calígula. Cayo Calígula era un emperador romano agresivo, inhumano y ambicioso. Además de haber mandado a matar a varios senadores romanos, destruido a sus amigos y violado los derechos de los pueblos que subyugaba, ambicionaba hacerse pasar por «dios». Deseaba que todos los pueblos se arrodillasen delante de él y le adorasen. Para el pueblo judío, ese tipo de adoración era inadmisible e insoportable. Cayo sabía de esa resistencia y odiaba la audacia e insubordinación de ellos.* Los judíos a pesar de estar debilitados, desterrados, errantes y amenazados de sufrir una destrucción étnica, fueron prácticamente los únicos que no doblaron rodilla a los pies de Cayo. La libertad, para ese pueblo, no tenía precio.

Flavio Josefo, un brillante historiador que vivió en el primer siglo de esta era, nos relata una historia dramática acontecida a ese pueblo de Israel por causa del deseo de preservar su independencia. El pueblo de Israel era considerado un cuerpo extraño en el inmenso dominio de Roma y tenía frecuentes reacciones contra ese imperio. En el año 70 A.D., los judíos nuevamente se rebelaron y se situaron dentro de Jerusalén. Tito, general romano, fue encargado de exterminar el foco de resistencia y retomar Jerusalén. Los judíos podían rendirse o resistir y luchar. Prefirieron la resistencia y la lucha. Tito sitió a Jerusalén e inició una de las más sangrientas guerras de la historia.

Los judíos resistieron más allá de sus fuerzas. El hambre, la angustia y la miseria fueron inmensas. Murieron tantos judíos que la ciudad quedó impregnada de mal olor. Se pisaban cadáveres por las calles. Por fin, Jerusalén fue destruida y los que quedaron del pueblo fueron llevados cautivos y dispersados.**

Esos ejemplos muestran el deseo desesperado del pueblo judío por preservar su libertad, su identidad y su independencia. Pero, hubo una época en que los líderes judíos traicionaron su deseo de libertad e independencia. Es increíble constatarlo, pero Jesús perturbó tanto a los líderes judíos con su revolución interior y sus pensamientos, que ellos prefirieron a un emperador gentil, en vez del liderazgo de Cristo que tenía raíces judías, aunque afirmase no desear el trono político. Israel prefirió mantener la relación con el imperio romano y no admitir a Jesús como el Cristo.

---

*Josefo, Otávio. *História dos Hebreus* (Río de Janeiro: CPAD, 1998).
**Ibid.

Los líderes de Israel, en la época de Cristo, desearon más el poder sociopolítico que la búsqueda de la libertad e independencia. La inmensa mayoría del pueblo judío probablemente no estaba de acuerdo con esa posición y había diversos miembros de la cúpula, como Nicodemo y José de Arimatea, que sentían gran aprecio por Cristo y discordaban de su injusta condenación. Entre tanto, ellos callaron, pues temían las consecuencias que sufrirían por creer en Jesús.

¿Cuándo traicionó la cúpula judía el deseo de libertad e independencia que por siglos dominaba el pueblo de Israel? Cuando Pilato, burlándose de ella, dijo que no podría crucificar al «Rey de los Judíos» (Marcos 15.9). Sus líderes quedaron indignados con la ofensa de Pilato y por eso lo presionaron y suplicaron que crucificase a Cristo, diciendo que su rey era César. Los judíos siempre habían rechazado intensamente el dominio del Imperio Romano, pero en aquel momento prefirieron a César en lugar de Cristo, a un romano en lugar de un judío.

Como dijimos previamente, Jesús afirmaba que quería un reino oculto dentro del ser humano. Los líderes judíos se sentían amenazados por sus pensamientos. Su plan era intrigante y demasiado complejo para ellos. Su propósito rompía todos los paradigmas existentes. Por eso, Cristo fue drásticamente rechazado.

Algunos judíos dicen hoy que Cristo era una persona querida y valorada en su época por los líderes judíos. Pero, las biografías de Cristo son claras en ese respecto. Él fue silenciado, odiado, burlado, le escupieron en la cara, aunque había sido amable, dócil y humilde, y al mismo tiempo declaraba palabras chocantes, nunca antes oídas. Sus palabras se volvieron demasiado perturbadoras para ser analizadas, principalmente por aquellos que amaban el poder y no eran fieles a su propia conciencia.

El síndrome de Pilato

Los líderes judíos amenazaron denunciar a Pilato ante el gobierno de Roma si él no condenaba a Jesús. Pilato tenía un gran poder conferido por el imperio romano: el de la vida y de la muerte. Pero, era un político débil omiso y disimulado.

Al interrogar a Cristo, Pilato no halló injusticia en él (Marcos 15.4). Por eso, deseaba liberarlo, pero era demasiado débil como para soportar la presión política de esa decisión. Así que cedió a la presión de los judíos. Entretanto, para mostrar que aún tenía el poder político, hizo un pequeño teatro: se lavó las manos. Pilato se ocultó detrás del gesto de lavarse las manos. No solo cometió un crimen en contra de Cristo, sino también en contra de sí mismo, contra la fidelidad a su propia conciencia. Aquel que es infiel a su propia conciencia tiene una deuda impagable consigo mismo.

El síndrome de Pilato ha recorrido los siglos y contaminado a algunos políticos. Es mucho más fácil esconderse detrás de un discurso elocuente que asumir con honestidad sus hechos y sus responsabilidades sociales. El síndrome de Pilato se caracteriza por la omisión, disimulo, negación del derecho, del dolor y de la historia de los demás.

Cristo era seguido por las multitudes. Por donde pasaba había un grupo de personas interesadas en él. Las multitudes se amontonaban a su alrededor. Así provocaba muchos celos en los líderes judíos.

Personas de todos los niveles buscaban a aquel hombre amable y al mismo tiempo desafiante y determinado para oírle. Buscaban conocer los misterios de la existencia, anhelaban experimentar la trasformación íntima, clandestina, que él proclamaba.

Los relatos que muestran que, cierta vez, más de cinco mil hombres lo siguieron, y en otra ocasión más de cuatro mil, sin contar mujeres y niños (Mateo 14.13-21; Marcos 6.30-44). Se trataba de un fenómeno social espectacular. Probablemente nunca un hombre que viviera en aquella región había despertado tanto el ánimo de las personas. Nunca un hombre sin ninguna apariencia especial o propaganda fue seguido de modo tan apasionado y caluroso por las multitudes.

Los líderes judíos estaban muy preocupados con el movimiento social que se desarrollaba alrededor de Cristo. Tenían miedo de que él desestabilizase la unión entre los líderes de Israel y el Imperio Romano. Por eso, él tenía que ser eliminado.

Los líderes judíos ni siquiera averiguaron acerca del linaje de Cristo, de sus orígenes. No se preocuparon en cuestionarlo honestamente. Para ellos, él no había derramado lágrimas, no poseía una familia, no tuvo niñez, no había sufrido, no había desarrollado relaciones personales, o sea, no tenía historia. La dictadura del preconcepto anula la historia de las personas. Cristo tenía que morir, no importara quién fuera.

Cristo habría revolucionado cualquier sistema político bajo el cual hubiera vivido

Los líderes judíos no tuvieron reparo en ensuciarse las manos buscando falsos testigos. Lo importante era condenar a Cristo. Pero, como no había coherencia entre los testigos, no lograron argumentos fuertes para condenarlo (Mateo 26.59-61).

Son atípicas las paradojas que componen la historia de Cristo. Nadie habló acerca del amor como él y, al mismo tiempo, nadie fue tan odiado como él.

Cristo se entregó y se preocupó al extremo por el dolor de los demás, pero nadie se preocupó por su dolor. Fue herido y rechazado sin ofrecer motivos para tanto. Era tan afable y sufrió tanta violencia. No anhelaba el trono político, pero lo trataron como si fuera el más agresivo de los revolucionarios.

Si Cristo viviera en los días de hoy, ¿también sería una amenaza para el gobierno local? ¿Sería drásticamente rechazado? Probablemente sí. Aunque prefiriera el anonimato y no hiciera alarde de sí mismo, no lograba esconderse. Es imposible esconder a alguien que hable de lo que él habló y que hiciera lo que él hizo. Si en aquella época en que la comunicación era limitada y no había periodismo, él era seguido por multitudes, podemos imaginar como sería en los días de hoy. Si Cristo viviera hoy, los periódicos lo colocarían en las primeras páginas y los noticieros de la televisión tendrían un equipo de guardia veinticuatro horas acompañándolo. Él sería el más grande fenómeno social y produciría las noticias más importantes.

Hoy, la población que lo seguiría podría ser multiplicada por diez, cincuenta, cien veces o mucho más. Imaginemos 100 mil o 500 mil personas siguiéndolo: eso causaría un tumulto social sin par. El gobierno local lo consideraría un conspirador contra el sistema político. Por el hecho de que Cristo buscaba aislarse toda vez que era muy asediado, por el hecho de ser muy sensible a las miserias físicas y psíquicas, de estar siempre buscando aliviar el dolor de los demás, de tocar profundamente los sentimientos humanos y de no transigir con ninguna clase de políticos, incomodaría a cualquier gobierno que, por más democrático que fuera, tendría oportunistas en sus bastidores.

Para algunos políticos, él sería condenado por poner en riesgo el régimen político; para otros por representar una amenaza a los que buscan privilegios del poder. Cristo habría revolucionado el gobierno en cualquier época en que hubiera vivido. Su deseo de libertar al ser humano dentro de sí mismo y su revolución interior no serían comprendidos por ningún sistema político.

El discurso de Cristo dejaría a la medicina actual atónita produciendo la mayor crisis existencial del ser humano

6|

La crisis existencial producida por el fin del espectáculo de la vida

L a muerte física es parte del ciclo natural de la vida, pero la muerte de la conciencia humana es inaceptable. Solo la aceptan aquellos que nunca han reflexionado mínimamente acerca de sus consecuencias psicológicas y filosóficas, o aquellos que nunca sufrieron el dolor indescriptible de la pérdida de un ser amado.

Es aceptable el caos que desorganiza y reorganiza la materia. Todo en el universo, se organiza, desorganiza y reorganiza otra vez. Pero para el ser humano pensante, la muerte detiene el espectáculo de la vida, produciendo la crisis existencial más grave de su historia, la vida física muere y se pierde, pero la vida psicológica clama por la continuidad de su existencia. Tener una identidad, poseer la capacidad de la construcción del pensamiento y tener conciencia de sí mismo y del mundo que nos rodea son derechos personales, que no pueden ser alienados y transferidos por dinero, ni por circunstancias o ningún pacto social o intelectual.

Si una enfermedad degenerativa del cerebro o un trauma craneano pueden, a veces, comprometer profundamente la memoria y traer consecuencias dramáticas para la capacidad de pensar, podemos imaginar cuáles serían la consecuencias del caos de la muerte. En el proceso de descomposición, el cerebro es desmenuzado en billones de partículas, perdiendo los más ricos secretos que sostienen la personalidad y los secretos de la historia de la existencia contenida en la memoria.

Es inconcebible la interrupción de las pulsaciones de la vida. Es insoportable la inexistencia de la conciencia, el fin de la capacidad de pensar. La inteligencia humana no consigue entender el fin de la vida. Existen áreas que la razón consciente jamás logrará entender de forma adecuada, salvo en el campo de la especulación intelectual. Una de ellas es el prepensamiento, o sea, los fenómenos inconscientes que forman el pensamiento consciente. El pensamiento no puede aprehender el prepensamiento, pues todo discurso acerca de él nunca será el prepensamiento, sino el pensamiento ya preelaborado.

Otra cosa incomprensible para la razón es la conciencia del fin de la existencia. La razón nunca alcanza a concebir la muerte como el «fin de la existencia», el «nada existencial», pues el discurso de los pensamientos acerca de la nada, nunca es el nada en sí, sino una manifestación de la propia conciencia. Por eso, la persona que se quita la propia vida no tiene conciencia de la muerte como el fin de la vida. Los que piensan en suicidio no quieren realmente matar la vida, dar fin a la existencia, sino «matar» el dolor emocional, la angustia, la desesperación que abate sus emociones.

La idea del suicidio es un intento inadecuado y desesperado de buscar trascender el dolor de la existencia, y no de ponerle fin. Solo la vida tiene consciencia de la muerte. La muerte no tiene consciencia de sí misma. La consciencia de la muerte es siempre una manifestación de vida, o sea, es un sistema intelectual que diserta acerca de la muerte, pero nunca alcanza la realidad.

La conciencia humana jamás consigue comprender plenamente las consecuencias de su inexistencia, del silencio eterno. Por eso, todo pensador o filósofo que intentó, como yo, comprender el fin de la conciencia, el fin de la existencia, vivió un angustiante conflicto intelectual. Veremos que el pensamiento de Cristo referente al fin de la existencia era muy osado e impresionantemente complejo. Él hablaba acerca de la inmortalidad con una seguridad increíble.

La mayoría de los seres humanos nunca buscó comprender algunas de las implicaciones psicológicas y filosóficas de la muerte, pero siempre se resistieron intensamente a ella. ¿Por qué en todas las sociedades, hasta en las más primitivas, los hombres crearon religiones? El fuego, un animal, un astro celeste funcionaban como dioses para que los pueblos primitivos proyectasen los misterios de la existencia. ¿Se puede decir que la necesidad de una búsqueda mística (espiritual) es señal de debilidad intelectual, de fragilidad de la inteligencia humana? No, al contrario, ella es señal de grandeza intelectual. Expresa un deseo vital por mantener la continuidad del espectáculo de la vida.

La filosofía es la posibilidad de trascender la finitud existencial

Muchos pensadores de la filosofía produjeron conocimientos acerca de la metafísica como un intento por comprender los misterios que rodean la existencia. La metafísica es un ramo de la filosofía que estudia el conocimiento de la realidad divina por medio de la razón, el conocimiento de Dios y del alma (Descartes),* en fin, investiga la naturaleza y el sentido de la existencia humana. Grandes pensadores como Aristóteles, Tomás de Aquino, Agustín, Descartes y Kant disertaron de distintas formas acerca de la metafísica. ¿Eran esos pensadores intelectualmente frágiles? ¡De ninguna manera! Por pensar sobre la complejidad de la

---

*Valery, Paul. *El pensamiento vivo de Descartes* (Buenos Aires: De. Losada, 1966).

existencia, produjeron ideas elocuentes acerca de la necesidad del ser humano de transcender sus límites, y, en algunos casos, superar la finitud de la vida. Muchos de ellos hicieron de Dios uno de los temas fundamentales de sus discusiones e indagaciones intelectuales.

Augusto Comte y Friedrich Nietzsche fueron grandes filósofos ateos, pero es raro que esos dos grandes ateos hubieran producido en algunos momentos pensamientos con connotación mística. Comte quería establecer los principios de una religión universal, una religión positivista.* Nietzsche disertaba acerca de la muerte de Dios, pero al final de su vida produjo *Así habló Zaratustra*,** una obra conteniendo principios que regulaban la existencia, tales como los proverbios de Salomón. Algunos ven en ese libro un esfuerzo de última hora por recuperar la creencia en la inmortalidad. Nadie debe ser condenado por rever su posición intelectual, pues, desde el punto de vista psicológico y filosófico, hay una crisis existencial intrínseca en el ser humano frente al fin de la existencia.

Los periódicos anunciaron que Darcy Ribeiro, uno de los grandes pensadores brasileños, que siempre fue ateo declarado, pidió a sus íntimos, momentos antes de morir, que le dieran un poco de fe. ¿Tal petición era señal de la debilidad de ese osado pensador? No. Reflejaba la necesidad universal y no contenida de dar continuidad al espectáculo de la vida.

Hay enfermedades psíquicas que producen una fobia o miedo enfermizo de la muerte, como el síndrome del pánico y determinados trastornos obsesivos compulsivos (TOC). En el «pánico» ocurre un dramático y convincente teatro de la muerte. En él hay una repentina y urgente sensación de que uno se va a morir. Tal sensación lleva a una serie de síntomas psicosomáticos como taquicardia, aumento de la

---

*Comte, Augusto. *Discurso sobre el espíritu positivo* (Madrid: Alianza Editorial, 1980).
**Nietzsche, Friedrich. *Así habló Zaratustra* (Buenos Aires: Aguilar, 1965).

frecuencia respiratoria y sudor. Esos síntomas son reacciones metabólicas instintivas que buscan hacer que la persona huya de la situación de riesgo. En el «pánico» esa situación es imaginaria, solo un teatro dramático que el «yo» debe aprender a controlar, a veces con la ayuda de antidepresivos.

En los TOC, principalmente en aquellos relacionados con ideas fijas de enfermedades, ocurren también reacciones fóbicas hacia la muerte, que aquí también es imaginaria. En esos trastornos hay una producción de pensamientos de contenido negativo, no controlados por el «yo», que llevan la persona a tener una idea fija de que padece de cáncer, de que va a sufrir un infarto, tener un derrame, etc. El TOC y el síndrome del pánico aparecen en personas de todos los niveles intelectuales.

La experiencia imaginaria de la muerte en el síndrome del pánico y en los trastornos obsesivos produce una intensa ansiedad, desarrollando una serie de síntomas psicosomáticos. Tales enfermedades pueden y deben tratarse.

Aunque haya enfermedades psíquicas que producen una fobia enfermiza respecto a la muerte, hay una fobia benéfica, no enfermiza, relacionada con el final de la existencia, que ningún psiquiatra o medicamento pueden sanar. La vida solo acepta su propio fin siempre y cuando no esté cerca de él. Si no, lo rechaza automáticamente, o lo aceptaría si estuviera convencida de la posibilidad de superarlo.

El hombre animal y el psicológico no aceptan la muerte. El equívoco intelectual del ateísmo de Marx

Ni el «hombre animal o instintivo» ni tampoco el «hombre psicológico o intelectual» aceptan la muerte. Cuando estamos sufriendo el riesgo de morir, sea por un dolor, una herida, la amenaza de un arma, un accidente, el «hombre animal» se manifiesta con intensidad: los instintos se activan, el corazón se acelera, la frecuencia respiratoria aumenta y aparecen una serie de mecanismos metabólicos para sacarnos del riesgo de la muerte. Cuando el hombre animal aparece, el hombre intelectual disminuye, o sea, cierra las ventanas de la inteligencia, disminuyendo la lucidez y la coherencia. En ese caso, los instintos sobrepasan a los pensamientos.

Todas las veces en que estamos bajo una gran amenaza, aunque sea imaginaria, reaccionamos mucho y pensamos poco. Porque vivimos en una sociedad enferma donde prevalecen la competencia predatoria, el individualismo y la crisis del diálogo, creamos una fábrica de estímulos negativos que cultivan el estrés del hombre animal, como si él viviera constantemente bajo amenaza de muerte. El hombre de las sociedades modernas tiene más síntomas psicosomáticos que el hombre de las tribus primitivas.

El hombre psicológico, más que el hombre animal, se rehúsa a aceptar la muerte. El deseo por la eternidad, por trascender el caos de la muerte, es inherente al ser humano, no es fruto de la cultura. Como veremos, Cristo estaba consciente de eso. Su discurso acerca de la eternidad aún hoy es perturbador.

Los que están vivos elaboran muchos pensamientos para buscar consolarse ante la pérdida de sus seres queridos, como: «él ya no está sufriendo», «él está descansando», «él está en un sitio mejor». Pero nadie dice «él dejó de existir». El dolor de la pérdida de alguien es una celebración de la vida. Representa un testimonio claro del deseo no contenido del ser humano de hacer seguir el espectáculo de la existencia.

En un velatorio, los íntimos del fallecido, que en general son la minoría, sufren mucho, mientras que los conocidos, que son la mayoría, hacen terapia. ¿Cómo es que los conocidos hacen terapia? Ellos buscan interiorizarse y reciclarse ante la muerte de otro. Se dicen los unos a los otros: «no vale la pena la prisa de la vida», «no vale la pena tanto estrés», «la vida es muy corta para luchar por cosas vanas, después de la muerte todo queda ahí». Esa terapia en grupo no es condenable, pues representa una revisión saludable de la vida. La terapia en grupo en los velatorios es un homenaje inconsciente a la existencia.

El deseo de superar el fin de la existencia está más allá de los límites de las ideologías intelectuales y sociopolíticas. Uno de los mayores equívocos intelectuales de Karl Marx fue haber buscado crear una sociedad pregonando el ateísmo como la cultura de la multitud. Marx encaró la religiosidad como un problema para el socialismo. Era un pensador inteligente, pero, por conocer poco de los bastidores de la mente humana, fue ingenuo. Tal vez nunca reflexionó con profundidad acerca de las consecuencias psicológicas y filosóficas de la muerte. Si lo hubiera hecho, hubiera comprendido que el deseo por superar el fin de la existencia es incontrolable. El deseo de continuar sonriendo, pensando, amando, soñando, proyectándose, creando, de tener una identidad, de tener conciencia de sí mismo y del mundo va más allá de los límites de la ciencia y de cualquier ideología sociopolítica.

El ser humano posee la necesidad intrínseca de buscar a Dios, de crear religiones y de producir sistemas filosóficos metafísicos. Tal necesidad viene no solo como tentativa de superar el fin de la existencia, sino también para explicarse a sí mismo el mundo, el pasado, el futuro, en fin, los misterios de la existencia.

El ser humano es una gran interrogante que por decenas de años busca una gran repuesta. Él busca explicar el mundo. Sabe que explicarse a sí mismo es el mayor desafío de su propia inteligencia. Hemos visto que pensar no es una opción del ser humano, sino su destino inevitable. No logramos interrumpir el proceso de construcción de pensamientos. Es imposible contener la necesidad de comprendernos a nosotros mismos y al mundo que nos rodea. En la mente humana hay una verdadera revolución de ideas que no pueden ser detenidas ni siquiera controlando el «yo».

En las próximas décadas, los pueblos socialistas que vivieron bajo la propaganda ateísta serán los más religiosos, los que más buscarán la existencia de Dios. ¿Por qué? Porque el socialismo intentó eliminar algo indestructible. Todo indica que esa búsqueda ya está ocurriendo intensamente en Rusia y en China. En China había cinco millones de cristianos en la época en que el socialismo fue implantado. Ahora, después de tantos años de propaganda ateísta, según datos extra oficiales, hay más de cincuenta millones de cristianos en aquel país. Además de eso, hay miles y miles de chinos adeptos a diversas otras religiones.

El deseo de transcender el fin de la existencia no puede ser contenido. La mejor forma de propagar una religión es buscar destruirla. La mejor forma de incentivar el deseo del ser humano de buscar a Dios y superar el caos de la muerte es intentar destruir ese deseo.

La medicina como tentativa desesperada de aliviar el dolor y prolongar la vida

La ansiedad por la continuidad de la existencia y la necesidad de mecanismos de protección ante la fragilidad del cuerpo humano zambulleron al ser humano en una búsqueda espiritual, y también promovieron intensamente el desarrollo de la ciencia a lo largo de la historia.

Los productos industriales traen mecanismos de seguridad que revelan la ansiedad humana por seguir existiendo. Los aparatos eléctricos y electrónicos deben poseer mecanismos de seguridad para los usuarios. Los vehículos de transporte añaden cada vez más sistemas de protección a los pasajeros. La ingeniería civil posee alta tecnología para producir construcciones que sean no solamente funcionales, sino también seguras. En las empresas, los mecanismos de seguridad son fundamentales para las actividades de trabajo. Pero, de todas las ciencias que fueron influenciadas por la necesidad de continuidad y preservación de la integridad física y psicológica del ser humano, la medicina fue la más marcada.

La medicina está conectada a un conjunto de otras ciencias: la química, la biología, la física, la biofísica, la matemática, y otras, y ha experimentado un desarrollo fantástico. Se ha desarrollado tanto, por la tentativa desesperada de superar el dolor y prolongar la vida.

Hay miles de libros en las bibliotecas de medicina, y se editan innumerables revistas médicas todos los meses. El conocimiento se multiplica de tal forma que a cada día surgen nuevas especialidades. Todos los años se descubren nuevas técnicas de cirugía, de laboratorio, con nuevos aparatos que brindan apoyo a los diagnósticos. Diariamente en todo el mundo se realizan conferencias y congresos médicos de todas las especialidades. ¿Por qué la medicina está alcanzando un desarrollo tan explosivo? Porque el ser humano quiere aliviar el dolor, mejorar su calidad de vida y prolongar su existencia.

La medicina es una ciencia poética. Los médicos siempre disfrutaron de gran prestigio social en toda la historia de la humanidad, pues, aunque no se percaten de ello, ellos mueven nuestras más dramáticas necesidades existenciales: aliviar el dolor y prolongar la vida.

Hay dos dramas existenciales que acometen a todo ser humano: la vejez y el fin de la existencia. Por un lado, científicos de todo el mundo invierten todo su tiempo para descubrir medicamentos, conocer el metabolismo celular, pesquisar nuevas máquinas. Todas esas pesquisas buscan producir nuevas técnicas y procedimientos para diagnosticar enfermedades, prevenirlas, tratarlas y, así, mejorar la calidad de vida y retrasar lo inevitable: el fin de la existencia.

Por otro lado, muchos analistas están produciendo nuevos conocimientos por medio de la medicina ortomolecular, de la estética y de la cirugía estética, buscando el rejuvenecimiento e intentando retrasar el envejecimiento.

Tanto la frenética búsqueda espiritual del ser humano, a lo largo de la historia, como el continuo desarrollo de la medicina son dos testigos vivos de que en lo íntimo de cada uno de nosotros late el deseo ardiente de superar el drama de la vejez y del fin de la existencia y, consecuentemente del espectáculo de la vida.

El discurso de Cristo acerca del secreto de la eternidad

Después de esa exposición, regresemos a nuestro personaje principal: Jesucristo. Estudiemos el impacto de sus palabras sobre la crisis existencial del ser humano y su propuesta en cuanto a la superación del caos de la muerte en los días actuales.

Imaginemos a Cristo reaccionando, hablando, expresando sus pensamientos en una sociedad que no tuviese conexión alguna con el cristianismo. ¿Qué dice él acerca de la crisis existencial de la especie humana? ¿Qué tiene él que decir acerca de la continuidad del espectáculo de la vida? ¿Sus palabras acerca de esos temas son comunes? ¿Perturbarían nuestros pensamientos? Sus ideas acerca del fin de la existencia ¿se acercan a los pensamientos de los intelectuales?

Cristo pronunció palabras raras, inéditas, capaces de revolucionar tanto las bases de los científicos de la medicina, como las de la religiosidad humana. Antes de responder a tales preguntas, rescatemos algunas características de Cristo. Su vida expresaba una paradoja. Por un lado se exponía públicamente y, por otro buscaba, siempre que fuera posible, el anonimato.

Además de eso, él no imponía sus ideas, simplemente las exponía. No obligaba a nadie a que lo siguiera, solo invitaba. Estaba en contra del autoritarismo del pensamiento, por eso buscaba seguidamente abrir las ventanas de la inteligencia de las personas para que reflexionasen acerca de sus palabras. En resumen, a Cristo no le gustaba estar al descubierto, conocía las distorsiones de la interpretación, era elegante en sus palabras y abierto cuando exponía sus pensamientos. Ahora, vamos a investigar su biografía y conocer otros detalles de su personalidad.

Cristo era flexible y amable al comentar los temas que trataba, pero en algunos puntos fue extremadamente determinado. Entre esos puntos se destaca lo que él pensaba acerca de la continuidad de la vida y acerca de la eternidad.

Con respecto a la continuación del espectáculo de la vida, él era incisivo. No dejaba dudas acerca de su manera de pensar. Y, digamos, su manera de pensar era muy osada, pues él declaraba claramente que tenía el secreto de la eternidad. Afirmaba que la vida eterna pasaba por él. Él declaró: «El que cree en mí, aunque esté muerto, vivirá» (Juan 11.25), «Yo soy el pan vivo que descendió del cielo; si alguno comiere de este pan, vivirá para siempre» (Juan 6.51). Declaró muchas palabras semejantes a esas, que son raras y poseen una dimensión indescriptible.

Él no dijo que si las personas obedeciesen a reglas de comportamiento o doctrinas religiosas tendrían la vida eterna. ¡No! Los textos son claros: Cristo concentró en sí mismo el secreto de la eternidad. Dijo que aquellos que creyesen en él y lo incorporasen interiormente tendrían la vida eterna, la vida inagotable e infinita. ¿Quién ha pronunciado un discurso como ese en toda la historia?

De todos los hombres que brillaron por sus inteligencias, nadie fue tan osado como Cristo. Entre todos los que fundaron una religión, una corriente mística o una filosofía metafísica, nadie tuvo la intrepidez de proferir palabras semejantes a las de él.

Al investigar el pensamiento de Cristo, notamos que él realmente no hablaba de una religión más, ni de una corriente de pensamientos. Hablaba de sí mismo, disertaba acerca de su propia vida y del poder que ella contenía. Llegó a afirmar que él mismo era: «el camino, y la verdad, y la vida» (Juan 14.6). Al declarar esas palabras, se atribuyó a sí mismo el camino para llegar a la verdad en su más amplio sentido y el camino para conquistar una vida sin fin.

Nosotros estamos psicoadaptados a las palabras de Cristo, por eso no nos perturbamos con ellas. Los escribas y los fariseos sabían lo que ellas significaban, por eso se perturbaron profundamente. Existieron diversos profetas a lo largo de los siglos, pero ninguno de ellos osó afirmar lo que aquel carpintero de Nazaret predicó. Los escribas y los fariseos quedaron perplejos delante del discurso de Jesús en la primera persona. Aunque vivían bajo la dictadura del preconcepto y eran tan rígidos, tenían toda la razón de quedar perplejos. Las palabras que Cristo dijo son sumamente serias. Aquel que nació en un pesebre se presentó como la fuente inextinguible de la vida, la fuente de la eternidad. ¿Quién era ese hombre?

Las limitaciones de la ciencia y la postura de Cristo como fuente de la verdad esencial

Un área del conocimiento solo gana estatus como verdad científica cuando comprueba los acontecimientos y prevé fenómenos. Si afirmamos que el tabaquismo perjudica la salud, necesitaremos probar que los fumadores contraen determinadas enfermedades, tales como el cáncer al pulmón y enfermedades cardiovasculares. Una vez comprobados los hechos, podemos prever fenómenos, o sea, podemos prever que los fumadores tienen más posibilidades de adquirir esas enfermedades que los no fumadores.

Al comprobar los hechos y prever fenómenos, el conocimiento, principalmente en las ciencias físicas y biológicas, deja de ser un conocimiento casual y pasa a ganar estatus de verdad científica. Pero, aquí tenemos un problema filosófico serio que muchos no comprenden. Una verdad científica jamás llega a ser una verdad esencial. Un millón de pensamientos acerca de un tipo de cáncer en los pulmones causado por la nicotina (verdad científica) no es el cáncer de verdad (verdad esencial o real), sino solo un discurso científico acerca del cáncer. Desde el punto de vista filosófico, la verdad científica (ciencia) busca la verdad esencial, pero jamás la incorpora. Otro ejemplo: si llegamos a producir un millón de ideas acerca de un objeto de madera, todas esas ideas podrán definir o describir la celulosa que hay en la madera, pero la madera sigue siendo madera, y la ideas siguen siendo solo ideas.

La interpretación de un terapeuta acerca de la ansiedad de un paciente no representa la esencia de la energía ansiosa del paciente, sino solamente un discurso acerca de ella. La interpretación está en la cabeza del terapeuta, pero la ansiedad está en la emoción del paciente; por lo tanto, las dos están en mundos diferentes.

Sé que muchos lectores pueden estar confundidos con lo que estoy diciendo, pero lo que quiero mostrar es que la discusión filosófica sobre lo que es la «verdad» ha surcado los siglos. Yo mismo, por más de diez años, produje una teoría filosófica sobre lo que es una verdad científica, cuál es su relación con la verdad esencial, cómo se construye en la mente humana, hasta dónde es relativa, cuáles son sus límites, alcances y lógica. Todas esas cuestiones son muy complejas, y no entraré en detalles al respecto en este libro. Aún así, lo que quiero enfatizar al exponer este tema es que, con respecto a la verdad, Cristo se puso en una posición donde la ciencia jamás podrá llegar.

Al afirmar que era el camino, la verdad y la vida, él fue profundamente perturbador, porque se identificó con la propia verdad esencial, como la propia esencia de la vida. Él no dijo que poseía la verdad académica, o sea, que poseía un conjunto de conocimientos, de ideas y de pensamientos verdaderos, sino que él mismo era el camino que conduce a la fuente de la verdad esencial, el camino que alcanza la propia esencia de la vida. ¿Qué vida era esa? La vida eterna, sin fin e inagotable que él declaraba poseer.

Al declarar tales palabras, se puso como alguien cuya naturaleza estaba más allá de los límites de lo que es propiamente humano. Él se mostró como hijo de Dios, como autor de la existencia, como arquitecto de la vida o cualquier otro nombre que se le pueda dar. Su discurso fue impresionante.

Como veremos, a Cristo le gustaba afirmar que era hijo del hombre. Él apreciaba su condición humana, aunque en algunos momentos aquel hombre revelaba otra cara, por medio de la cual reivindicaba su divinidad.

Como seres humanos, tenemos diversos límites. Nadie puede afirmar de sí mismo que es «el camino, la verdad y la vida». Nadie que sea simplemente humano, mortal y finito puede afirmar que posee en sí mismo la eternidad. Somos todos finitos físicamente. Todos somos limitados temporal y espacialmente. ¿Cómo puede una pequeña gota afirmar ser una fuente de agua? Lo que ningún ser humano tendría el valor de declarar, a menos que estuviera delirando, Cristo declaró con la más increíble elocuencia.

Somos limitados en la organización de nuestros pensamientos, los cuales se construyen a partir de los parámetros que tenemos en la memoria. El fin y lo finito son parámetros incomprensibles e intangibles por la inteligencia humana. Piense en lo que es el fin e intente escudriñar lo que es el infinito. Ya perdí muchas noches de sueño pensando en esos extremos. La existencia humana transcurre dentro de un paréntesis de la eternidad. La vida humana es solo una gota existencial en la perspectiva de la eternidad.

Nuestros pensamientos están en un pequeño intervalo entre el génesis y la eternidad. La ciencia trabaja en los intervalos de tiempo, sean ellos inmensos o extremamente pequeños. Sin el parámetro del tiempo no hay ciencia. Si estudiar lo que transcurre en los intervalos de tiempo es algo sofisticado, ¡qué se dirá de estudiar los fenómenos que están más allá de los límites del tiempo, que transcurren en la eternidad! Una de las razones por las cuales la ciencia ha sido tímida y omisa en investigar la inteligencia de Cristo es que sus pensamientos tratan de temas que exceden los parámetros de la ciencia.

¿Qué puede decir la ciencia acerca de los pensamientos de Cristo con respecto a la eternidad? ¡Nada! La ciencia, por ser producida dentro de intervalos de tiempo, no tiene cómo confirmar ni discordar de lo que ha dicho.

Si estudiar la propia existencia ya es una tarea compleja, ¿cómo podría la ciencia disertar acerca del autor de la existencia? Podemos hablar teóricamente sobre el origen del universo, acerca de los agujeros negros, la teoría del Big Bang, pero no tenemos recursos intelectuales para hablar acerca de «el origen del origen», «la causa de las causas», aquello que está antes del inicio, la fuente primera. El pensamiento puede estudiar los fenómenos que están en el prepensamiento. Sí, pero el pensamiento acerca del prepensamiento, como dije, será siempre el pensamiento, y no el prepensamiento mismo.

Si el hecho de estudiar fenómenos observables, posibles de ser investigados y de una aplicación metodológica, ya es una tarea extenuante para la ciencia, ¡imagínese pesquisar lo que está más allá de los límites de la observación! Si la mala ciencia puede entender los fenómenos de la vida, ¿cómo puede entender aquellos que traspasan el fin de la existencia? En realidad, la ciencia tiene limitaciones para pesquisar los complejos pensamientos de Cristo acerca de la eternidad y de la superación del caos de la muerte. Tales pensamientos penetran en la esfera de la fe.

El discurso de Cristo revolucionaría los fundamentos de la medicina

Aunque la ciencia no tiene condiciones para estudiar el contenido del discurso de Cristo y el poder que él expresaba tener, ella, como comenté, no está con las manos atadas. Aún puede investigar algunas áreas importantes de su inteligencia; puede estudiar su valor y osadía para decir palabras fantásticas, y el impacto psicosocial de esas palabras; puede investigar si sus ideas son coherentes con su historia; puede analizar como él rompía las dictaduras de la inteligencia y administraba sus pensamientos en los momentos de estrés; puede estudiar cuáles son las metas fundamentales de su escuela de la existencia.

Imagine a Cristo andando por las calles, por los acontecimientos sociales, por las conmemoraciones y por los congresos de medicina. Declarando con elocuencia, como lo hizo en su época, que por intermedio de él los seres humanos podrían superar el fin de la existencia e ir al encuentro de la eternidad. Su osadía era sin precedentes. El predicaba con increíble determinación acerca de temas que pocos osarían abordar.

Imagine a Cristo interviniendo en las conferencias médicas y declarando que él es la resurrección y la vida (Juan 11.25). Si escandalizaría los psiquiatras y psicoterapeutas con la propuesta de una vida interior que contiene el placer pleno e inagotable, imagine hasta que punto su propuesta acerca de una vida sin fin, una vida sin enfermedades o miseria escandalizaría los médicos y los científicos de la medicina, que luchan para prolongar la vida humana, aunque sea por algunos días o meses.

Ante el discurso de Cristo, algunas preguntas invadirían la mente de los analistas y los médicos más lúcidos. ¿Cómo es posible transcender el inevitable y dramático caos de la muerte? ¿Cómo es posible reorganizar la identidad de la conciencia después de que la memoria se haya disuelto en billones de partículas con la desintegración del cerebro? ¿Cómo es posible disfrutar una existencia donde no se conciba más el envejecimiento? ¿Qué clase de naturaleza deberá el ser humano tener para poseer una existencia que se renovase y se perpetuase eternamente? ¿Cómo la memoria y la construcción de los pensamientos se renovarían en una historia sin fin? El discurso de Cristo seguramente revolucionaría la compleja y al mismo tiempo limitada medicina, que es capaz de hacer mucho por alguien que está vivo, pero no puede hacer nada por aquel que está muerto.

Todas esas preguntas vienen de una existencia finita que cuestiona a una existencia infinita, con sus innumerables dudas y limitaciones. Entre tanto, el cuestionamiento de lo finito acerca de lo infinito, de lo temporal acerca de lo eterno, aunque limitado, es un derecho legítimo del ser humano, un derecho personalísimo de expresión del pensamiento, pues la vida clama por continuidad.

Cristo era tan determinado en ese tema que hasta llegó a usar una metáfora que escandalizó a muchos en su época. Dijo que quien comiese de su carne y bebiese de su sangre tendría la vida eterna (Juan 6.53-54). Las personas quedaron pasmadas con la osadía de aquel hombre al declarar tales palabras; pensaron que él se refería su carne y su sangre físicos. Sin embargo, el discurría acerca de la incorporación de otra naturaleza, de una naturaleza eterna, ¡que propuesta tan intrigante!

Sus opositores pedían que no dejase sus mentes en suspenso, que les dijese claramente quién era él (Lucas 5.18-20). Los líderes intelectuales de Jerusalén hacían largos debates para descubrir su identidad. Hasta personas sin educación discutían acerca de su origen, los propios discípulos quedaban perturbados con su discurso e indagaban quién era aquel maestro al que seguían (Juan 8.25). Habían dejado todo para acompañarlo y cuanto más andaban con él, más percibían que no lo conocían.

El ser humano siempre buscó una religión como ancla del futuro, con el objetivo de trascender la muerte, y siempre buscó la medicina como ancla del presente, con el objetivo de retardar la muerte. Ahora aparece alguien diciendo palabras nunca oídas acerca de la superación del fin de la existencia y de la inmersión en la eternidad, y todo se complicaba más porque, al mismo tiempo en que pronunciaba con osadía y determinación palabras fantásticas acerca de la eternidad, él evitaba la fama y la ostentación.

La intrepidez de Cristo era tan impresionante que él se ponía por encima de las leyes físico-químicas. Llegó a expresar que: «El cielo y la tierra pasarán, pero mis palabras no pasarán» (Lucas 21.33).

El universo tiene billones de galaxias. Pasa continuamente por un proceso de organización, caos y reorganización. Estrellas nacen y mueren constantemente. Dentro de algunos millones de años el sol dejará de existir. Los astrónomos miran al firmamento y, en cada dirección, contemplan un «cielo de enigmas». Ahora viene un hombre que, además de decir que posee el secreto de la eternidad, expresa que el contenido de sus pensamientos tiene una estabilidad que todo el universo no posee. El universo se hunde en el caos, pero él proclama que sus palabras traspasan el caos físico-químico y que su vida está más allá de los límites del tiempo y del espacio. Tales afirmaciones son impresionantes.

Einstein era un admirador de Cristo. Con todo, si él hubiera vivido en aquella época, seguramente las palabras de Cristo dejarían su pelo aún más desaliñado de lo que se muestra en su famosa fotografía. Sus palabras trascendían los parámetros de la física, por lo tanto no podrían ser explicadas ni siquiera por la teoría de la relatividad.

La personalidad sin par de Cristo: grandes hechos y comportamientos humildes

Cristo dijo palabras inimaginables, que están más allá de los límites de la grandeza anhelada por el ser humano. Pero lo interesante es que él poseía raciocinio coherente, organización de ideas y consciencia crítica. No es posible dejar de admirar la osadía de sus pensamientos y la determinación de su inteligencia. Por eso, repito, estudiar su inteligencia es, hasta para los ateos, un desafío intelectual placentero, una invitación a la reflexión. No es sin motivo que sus pensamientos cruzan los siglos y las generaciones.

Lo más perturbador es que la personalidad de Cristo se equilibra entre los extremos, como el péndulo de un reloj. ¿Cómo puede alguien hablar acerca de la eternidad y al mismo tiempo no buscar toda oportunidad para promoverse? Cualquier persona que juzgase tener tal poder, desearía, mínimamente, que el mundo girase a su alrededor, que la humanidad se inclinase a sus pies. Algunos de sus íntimos estaban confundidos porque él hablaba y hacía tantas cosas y, al mismo tiempo, procuraba seguidamente ocultarse. Rogaron que él se manifestase al mundo, para que el mundo lo admirase, lo contemplase (Juan 7.34). Tal vez hasta quisieron que el Imperio Romano se rindiera a él.

La lógica de los discípulos era que sus actos debían ser hechos en público para sacar el máximo provecho de ellos. Entretanto, la lógica de Cristo era diferente e interesante. Él predicaba en público, pero frecuentemente practicaba sus hechos en privado.

Cristo realizaba acciones admirables y en seguida se ocultaba en los hechos humildes. Hablaba de un poder sin precedente, pero al mismo tiempo caminaba por las calles de la humildad. Declaraba pensamientos que tenían grandes implicaciones existenciales, pero no obligaba a nadie a seguirlo, solo los exponía con elegancia e invitaba a las personas a reflexionar sobre ellos. Declaraba poseer una vida infinita, pero, al mismo tiempo, sentía inmenso placer en tener amigos finitos (Juan 15.15). Delante de eso, es difícil no concluir que su comportamiento disolvía todos los paradigmas y escapaba de los patrones previsibles de la inteligencia humana.

¿Cuáles fueron las actitudes más admirables de Cristo: las pequeñas o las grandes? Muchos prefieren las grandes. Para mí, las pequeñas hablan de él, tanto como las grandes. ¿Quién es ese Cristo? Es difícil comprenderlo.

Cristo deseaba que el ser humano fuera alegre, plenamente satisfecho y que viviera una vida interminable, infinita, sin límite de tiempo. Su propuesta, aunque sumamente atractiva, deja a la ciencia perpleja. Amar o rechazar tal propuesta es un tema íntimo, personal, que no depende de la ciencia.

Cristo discurría acerca de una música que todos querían y quieren danzar. Pero las características de su inteligencia están siempre sorprendiéndonos. Ellas son capaces de revolucionar los fundamentos de la humanidad del tercer milenio y conducirla a repensar su historia, sus proyectos y su comprensión del mundo.

7 | Un proyecto audaz: el público y el ambiente

La compleja historia de la existencia

La escuela de la existencia es la escuela de la vida, de los eventos psicológicos y sociales. En la escuela de la existencia escribimos nuestras historias personales. Esa escuela penetra en lo más íntimo de nuestra existencia: en nuestros sueños, expectativas, proyectos socioprofesionales, realizaciones sociales, frustraciones, placeres, inseguridades, dolores emocionales, crisis existenciales y todos los momentos de osadía, de soledad, de tranquilidad y de ansiedad que experimentamos. La escuela de la existencia envuelve toda la trayectoria de un ser humano. Comienza en la vida dentro del útero y termina en el último suspiro.

Ella envuelve no solo los pensamientos y las emociones que manifestamos socialmente, sino también el cuerpo de pensamientos y emociones representados dentro de cada uno de nosotros, envuelve las lágrimas no derramadas, los temores no expresados, las palabras no verbalizadas, las inseguridades no comunicadas, los sueños silenciosos.

La escuela de la existencia es mucho más compleja y sofisticada que la escuela educacional. En la escuela clásica nos sentamos alineados; en ella infelizmente, somos frecuentemente receptores del conocimiento. Y el conocimiento que recibimos tiene poca relación con nuestra historia, cuando mucho se relaciona con nuestra profesión. Pero en la escuela de la existencia, todos los eventos tienen relación directa con nuestra historia.

En la escuela clásica tenemos que solucionar los problemas de la matemática; en la de la existencia tenemos que resolver los problemas de la vida. En la escuela clásica aprendemos las reglas gramaticales; en la de la existencia tenemos que aprender el difícil arte de dialogar. En la escuela clásica tenemos que aprender a explorar el mundo en que vivimos, o sea, el pequeño átomo de la química y el inmenso espacio de la física; en la escuela de la existencia tenemos que aprender a explorar los territorios del mundo que somos. Por lo tanto, la escuela de la existencia incluye la clásica y va mucho más allá de ella.

Uno de los más grandes errores de la escuela clásica es no tener como meta fundamental la preparación de los alumnos para vivir en la sinuosa existencia. La mejor escuela clásica es aquella que construye un puente sólido para la escuela de la vida. La mayoría de las escuelas clásicas se han vuelto una pequeña parte dentro de la escuela de la existencia, no habiendo comunicación entre ellas. En una escuela clásica cerrada, los alumnos están presos en una burbuja, en una redoma educacional, sin «anticuerpos» intelectuales para superar las contradicciones de la existencia y madurar los múltiples focos de la inteligencia.

Sus alumnos incorporan el conocimiento, pero raramente se vuelven ingenieros de ideas. Se vuelven profesionales, pero pocos conocen la ciudadanía, ni expanden la conciencia crítica.

En la escuela de la existencia, la vejez no significa madurez, los títulos académicos no significan sabiduría, el éxito profesional no significa éxito en el placer de vivir. En ella los parámetros son más complejos.

Las características de la escuela de la existencia de Cristo

La escuela de la existencia de Cristo posee características poco comunes. Ella no es una escuela de pensamientos, filosófica, de reglas de comportamiento, de enseñanza religiosa, moralista y ni tampoco de perfeccionamiento de carácter. El proyecto de Cristo era mucho más complejo y ambicioso.

Las biografías de Cristo revelan que él no tenía como objetivo reformar al ser humano, antes quería promover una transformación en su interior, reorganizar intrínsecamente su capacidad de pensar y vivir emociones. El pretendía producir una nueva persona. Una persona solidaria, tolerante, capaz de superar las dictaduras de la inteligencia, que se vacunara contra la paranoia del individualismo, que aprendiera a cooperar, a conocerse, que considerara el dolor del prójimo, que aprendiera a perdonarse, que meditase, que recapacitase, que se pusiera como aprendiz delante de la vida, que desarrollase el arte de pensar, que expandiese el arte de escuchar, que refinase el arte de la contemplación de lo bello. Estudiaremos esas características en los próximos capítulos. Sería muy bueno si pudiéramos grabarlas en nuestras mentes para entender mejor el proyecto que Cristo se propuso.

Creo que nunca alguien tuvo un proyecto tan osado y ambicioso como el de Cristo. Antes existieron algunas escuelas en Grecia. La academia de Platón, el liceo de Aristóteles, las escuelas de la línea de Sócrates. Pero ninguna desarrolló un proyecto tan audaz y ambicioso como la escuela de la existencia de Cristo. Es difícil dejar de reconocer la dimensión de su propósito y que era un maestro especialista en liberar la inteligencia de las personas que convivían con él. Al investigarlo, concluimos que él no quería mejorar al ser humano, sino cambiar su naturaleza intrínseca (Mateo 23.26-27).

Es difícil darle nombre al proyecto de Cristo. Algunos pueden llamarlo de propósito o plan. No importa el nombre que se le dé. Lo importante es que podamos comprender que su proyecto era complejo, sofisticado, audaz, multifocal, a veces semejante a un hospital que trataba las miserias humanas, hasta las más ocultas. Tal vez por eso él se haya autodenominado como «médico» que trataba las enfermedades interiores (Mateo 9.12). Otras veces, él era como un restaurante y una fuente de sentido existencial que satisface las necesidades humanas y propicia placer. Tal vez por eso se preocupó por el hambre física de los que le seguían y se denominó a sí mismo como el «pan de vida», que suple las necesidades íntimas de la emoción y del espíritu humano (Juan 6.35). Y, otras veces aún, ese proyecto parecía una escuela que intentaba transformar las personas, expandir su inteligencia y modificar su forma de pensar (Mateo 5.1-11). Tal vez por eso él se denominó a sí mismo como el Mesías, el maestro que abre las ventanas de la mente y conduce hombres y mujeres a pensar en otras posibilidades (Mateo 23.8).

Siguiendo la definición amplia de la escuela de la existencia que ofrecí en el punto anterior, llamaré ese proyecto «la escuela de la existencia de Cristo». La escuela de Cristo tiene características especiales, peculiares, misteriosas, difíciles de ser comprendidas. A continuación, ofreceré un comentario acerca de algunas de ellas.

El ambiente de la escuela de la existencia

La escuela de la existencia de Cristo difería en muchos aspectos de una escuela clásica. No tenía muros ni espacio físico definido. Funcionaba en los sitios menos clásicos: en el desierto, a la orilla de la playa, en los montes, en las sinagogas judías, en el patio del templo de Jerusalén, en el interior de las casas. Y también en las situaciones menos clásicas: en las comidas, en las fiestas, en una charla informal.

Cristo no tenía precauciones. Hablaba con las personas en cualquier ambiente. No perdía oportunidad para conducir al ser humano a interiorizarse. Por donde pasaba, actuaba como maestro e iniciaba su escuela. En ella no había mesa, pupitre, pizarrón, tiza, computadora o técnica pedagógica. Su técnica eran sus propias palabras, sus gestos e sus pensamientos. Su pedagogía era su historia y la forma como abría las ventanas de la inteligencia de sus discípulos. El título de Maestro de los maestros de la escuela es merecido.

Aunque Cristo no tuviera precauciones en cuanto al ambiente para proferir sus palabras, parecía preferir lugares abiertos. No pocas veces el cielo era el techo de su escuela. Las personas se sentaban a su alrededor para escucharle. Al aire libre, él declaraba elocuentemente sus palabras. Ciertamente, en algunas oportunidades, hablaba en alta voz, por causa del gran número de personas reunidas a su alrededor.

Cristo se mezclaba con sus alumnos, entraba en las historias de ellos. No había espacio entre el maestro y los discípulos. Sus historias se entretejieron entre sí. Por medio de esa íntima y abierta convivencia el maestro conquistaba a los alumnos y conocía las angustias y necesidades de cada uno (Juan 14.27; 16.4-6). Aprovechaba cada circunstancia, cada momento, cada error y dificultad de ellos para conducirlos a que repensaran y reorganizaran sus historias.

La ausencia de jerarquía en la escuela de la existencia: el público

En la escuela de Cristo no hay reyes, políticos, intelectuales, indoctos, moralistas ni inmorales. Todos son simplemente lo que siempre fueron, o sea, seres humanos. Nadie está un milímetro arriba ni debajo de nadie. Todos poseen una relación fraternal de igualdad. Sus biografías dejan en claro que Jesús criticaba fuertemente todo tipo de discriminación. En su proyecto todos poseen la misma dignidad, no hay jerarquía.

Es rarísimo que haya un local donde las personas no sean clasificadas, sea por la condición financiera, intelectual, estética, por la fama o cualquier otro parámetro. El ser humano fácilmente vive la dictadura de la precaución. Una de las más drásticas y destructivas enfermedades de la humanidad es esa dictadura. Ella solidifica la inteligencia y crea toda suerte de discriminaciones. La discriminación ya arrancó lágrimas, cultivó injusticias, quebrantó el derecho, facilitó el genocidio y muchas otras formas de violación de los derechos humanos.

Para el Maestro de los maestros, nadie es indigno ni discriminado por ninguna condición o situación. Una prostituta tiene el mismo valor que un moralista. Una persona indocta y sin cualquier nivel de educación formal tiene el mismo valor que un intelectual, un escriba. Una persona marginada tiene el mismo valor que un rey.

Cristo estaba tan en contra de la discriminación, que hacía que los moralistas de su época tuviesen escalofríos por sus palabras. Tuvo el valor de decirle a los fariseos que los corruptos recolectores de impuestos y las prostitutas los precederían en su reino (Mateo 21.31). ¿Cómo es posible que los corruptos y las prostitutas precedieran a los fariseos tan famosos y moralistas? Por la capacidad de humillarse y ponerse como aprendices en su encantadora escuela.

Los recolectores de impuestos era odiados y las prostitutas eran apedreadas en esa época, y aún así el plan transcendental de Cristo arrebata la psicología humanista. En él todos se vuelven indistintamente seres humanos. Nunca nadie consideró tan dignas a personas tan indignas. Nunca nadie exaltó tanto a personas tan despreciadas, nunca nadie incluyó tanto a personas tan excluidas.

8 | Despertando la sed de aprender y liberando la inteligencia

Cristo despertaba la sed. El maestro bueno y el excelente

No debemos considerar a Cristo con un pobre sufridor. Ese título no lo dignifica. Él no era frágil; poseía una fuerza impresionante. Si existió alguien que tenía un valor extraordinario fue Cristo. Él no se callaba ni siquiera cuando enfrentaba un serio riesgo de muerte. Tuvo intrepidez para enfrentar un mundo totalmente contrario a su pensamiento, tuvo osadía, para enfrentar los ambientes públicos más hostiles y determinación para enfrentar sus propios temores y angustias. Pronunció sus discursos en el territorio de sus más ardientes opositores (Mateo 6.2-5; 7.15-23). Antes de ser crucificado corrió el serio riesgo de sufrir politraumatismo por apedreamiento.

Cristo tampoco actuaba inconsciente ni inconsecuentemente – tenía conciencia del efecto de sus palabras y de las metas que quería lograr. Sabía armonizar la humildad y la tolerancia con la osadía y la determinación. Apreciaba provocar la inteligencia de las personas y mostrar su radicalismo.

Cristo era un maestro cautivante. Muchos corrían para oírlo, para aprender de él. Era diferente de la mayoría de los demás maestros, hasta de los de la actualidad, que transmiten el conocimiento sin placer ni desafío, trasmiten información lista, concluida y despersonalizada, o sea, sin comentar los dolores, frustraciones y aventuras que los pensadores vivieron mientras lo producían. Tal transmisión no estimula la inteligencia de los alumnos, no los sorprende, no los hace ingenieros de ideas.

Un buen maestro posee elocuencia, pero un excelente maestro posee más que eso; posee la capacidad de sorprender a sus alumnos, y estimular la inteligencia. Un buen maestro transmite el conocimiento con dedicación, mientras que un excelente maestro estimula el arte de pensar. Un buen maestro busca a sus alumnos porque quiere educarlos, pero un excelente maestro estimula tanto la inteligencia de sus alumnos, que es buscado y apreciado por ellos. Un buen maestro es valorado y recordado durante el tiempo de la escuela, mientras que un excelente maestro jamás es olvidado, marcando para siempre la historia de sus alumnos. Cristo estimulaba la inteligencia de aquellos que convivían con él. Él los inspiraba y los formaba como ingenieros del pensamiento. No solo sus pensamientos marcaron la historia de sus íntimos, sino que también los hechos y los momentos de silencio fueron tan elocuentes que modificaron la trayectoria de sus vidas.

Él andaba por las ciudades, villas y pueblos, proclamando el «reino de los cielos» y su proyecto de transformación interior. Sus biografías indicaban que hablaba de forma arrebatadora. Su hablar despertaba en las personas una sed interior. Aunque fuese el carpintero de Nazaret y andaba y vestía de forma tan sencilla, sus oyentes quedaban impresionados con la dimensión de su elocuencia (Mateo 6.30-44). Con el pasar de los meses, Cristo no necesitaba buscar a las personas para hablarles. Su hablar era tan cautivante que el pasó a ser procurado por las multitudes. Las personas se amontonaban para oírlo. Determinados grupos lo apreciaban tanto que le rogaban que no se alejase de ellos. Pero él decía que tenía que llevar su mensaje a otras partes.

Las multitudes lo seguían por sitios peligrosos, desérticos, donde corrían el riesgo hasta de morirse de hambre (Mateo 14.15; 15.32; Marcos 8.1-9). De igual modo, no desistían, superando cualquier dificultad para oírlo. Eso es muy interesante. La mayoría de las personas de aquella época no tenían estudios y probablemente ningún interés en aprender nada más que lo necesario para trabajar y sobrevivir. Pero Cristo había despertado un hambre interior en aquellas personas que traspasaba los límites del hambre física.

Cristo rompe mi tesis y el argumento de Will Durant

Cuando las necesidades para garantizar la sobrevivencia son grandes, las personas no tienen interés en desarrollar el pensamiento. Acerca de eso hay un episodio interesante en la *historia de la filosofía*. Will Durant, autor del famoso libro Historia de la filosofía, busca justificar las razones por las cuales Europa produjo cualitativamente más pensadores en la literatura y en la filosofía que los Estados Unidos.* Él comenta que «Inglaterra necesitó de ochocientos años desde su fundación hasta Shakespeare y Francia también necesitó de ochocientos años para llegar a Montaigne [...] mientras nosotros tuvimos que gastar nuestras energías abriendo campo en nuestras grandes florestas y extrayendo la riqueza de nuestro suelo; no hemos tenido tiempo de producir una literatura nacional y una filosofía madura».

Inglaterra, Francia y otros países demoraron muchos siglos para producir un cuerpo de pensadores en la filosofía, en la literatura, en las arte, etc. De hecho, el pensamiento filosófico en Europa es más maduro que en los Estados Unidos. Durant justifica ese hecho diciendo que la sociedad estadounidense estuvo muy ocupada en los últimos siglos con sus necesidades de supervivencia, y con el desarrollo social. Aunque no

---

*Durant, Will. *Historia de la Filosofía*.

sea una regla matemática, la producción de pensadores tiene alguna relación con la atención de las necesidades básicas de supervivencia, con el desarrollo social. Primero deben ser atendidas las necesidades básicas, para que después florezca un pensamiento más maduro y colectivo. Seguramente el pensamiento puede florecer individualmente en medio de crisis sociales, pobreza material, guerras, etc. Entretanto, la formación de un cuerpo de pensadores está vinculada al desarrollo social. El pensamiento a veces es como el vino: mientras más viejo y maduro, mejor el sabor.

El argumento de Durant, por lo tanto, tiene fundamento y coincide con la hipótesis que planteé acerca de la prevalencia del hombre instintivo (animal) sobre el hombre pensante en las situaciones estresantes. Las necesidades materiales básicas que garantizan la supervivencia (como la vivienda, salud y alimentación) usualmente prevalecen sobre las necesidades psicológicas. Cuando las necesidades básicas son atendidas, podemos liberar el pensamiento y expandirlo para expresar el arte.

El arte tiene cierta conexión con el dolor, no con el dolor de la supervivencia, instintiva, sino con el dolor de las crisis existenciales, el dolor del alma que envuelve los conflictos psíquicos y sociales. Raramente las personas se interesan en pensar cuando les es necesario luchar para sobrevivir. Raramente el mundo de las ideas se expande cuando el cuerpo es presionado por el dolor del hambre, cuando la vida es castigada por la miseria. Pero, Cristo rompió ese paradigma, que dirige tanto mi tesis como el argumento de Durant.

Cristo brilló por su inteligencia, aunque desde su niñez hubiera sido castigado por la pobreza. Además de eso, lo que es más interesante, él indujo a las personas de su época, tan castigadas por la miseria física y psicológica, a tener hambre del conocimiento que transcendía las necesidades básicas de la supervivencia.

En la época de Cristo, el pueblo de Israel vivía bajo el dominio del Imperio Romano. Sobrevivir era difícil. El hambre y la miseria eran parte de la vida de aquel pueblo. La producción de alimentos era escasa y, aún así, las personas tenían que pagar pesados impuestos, pues había recolectores (publicanos) diseminados por todo el territorio de Israel.

Si miramos la miseria del pueblo de Israel y el yugo impuesto por el Imperio Romano, constataremos que Cristo no vino en la mejor época, para exponer su complejo y ambicioso proyecto de transformar al ser humano. Si hubiera venido en una época donde hubiera habido menos miseria y el sistema de comunicación hubiera estado desarrollado, se hubiera facilitado su trabajo. Pero, hay muchos puntos en su vida que escapan a nuestros conceptos: nació en un pesebre, no buscó la ostentación, escogió un equipo de discípulos totalmente descalificados, guardó silencio durante su juicio. Las personas en la época de Cristo se preocupaban por alimentarse y no por pensar, pero descubrieron que no solo de pan vive el ser humano.

Los fariseos y los sacerdotes no deslumbraban en aquella época. Cristo brilló en un ambiente en el cual raramente era posible brillar. Aunque en aquel tiempo las personas tuviesen todos los motivos para no recapacitar, ellas abandonaban sus casas y lo poco que tenían y se dirigían a las regiones desérticas para oír las palabras sofisticadas y poco comunes de ese atrayente maestro.

Es difícil encontrar una persona intelectualmente atrayente e interesante en la sociedad moderna. Para tornar las personas atrayentes, la televisión tiene que «maquillarlas», dar color a sus palabras y a sus gustos. Por su parte, el carpintero de Nazaret era un hombre que atraía multitudes sin necesitar de ninguna publicidad.

Algunas veces las personas viajaban durante varios días, durmiendo al aire libre, para oírlo. Lo raro es que Cristo no prometía una vida fácil ni abundancia material. No prometía un reino político ni una tierra de donde fluyera leche y miel, como Moisés. Él hablaba acerca de otro nivel, un reino dentro del ser humano, que suponía un proceso de transformación íntima.

No había despertador, pero las personas se levantaban muy temprano para ir a su encuentro. Creo que muchas tenían insomnio por tan intrigadas que quedaban con los pensamientos de Cristo. Algunos textos dicen que las multitudes ni siquiera esperaban que despuntara el sol para buscarlo (Lucas 21.38). Difícilmente hubo en la historia un maestro tan cautivante como él.

Aunque no hubiera un local definido para reunirse, las personas se encargaban de encontrarlo. Bajo el impacto de sus palabras, eran estimuladas a recapacitar y a pensar en los misterios de la existencia. El pensamiento no estaba institucionalizado; todos eran libres de oír y aprender, a pesar de las dificultades que sufrían.

Cristo tenía valentía tanto para exponer sus pensamientos como para permitir que las personas lo abandonasen. Es muy difícil reunir esas dos características en una persona. Quienes tienen la valentía de exponer sus pensamientos, por lo general controlan a aquellos que los siguen y les limitan la libertad. Pero Cristo era diferente. Un día él llegó delante de sus discípulos y les dio plena libertad para que lo abandonasen (Juan 6.67). Hasta preguntó: «¿Queréis acaso iros también vosotros?» Su capacidad de exponer los pensamientos y no imponerlos es singular. Él solo hacía invitaciones que repercutían en el aire: «Si alguno tiene sed, venga a mí y beba» (Juan 7.37).

El registro del evangelio de Mateo 4.19 nos muestra que, cuando Cristo estaba caminando junto al mar de Galilea, vio a Pedro, Andrés, Jacobo y Juan, que estaban pescando o cosiendo las redes. Entonces los llamó, diciendo: «Venid en pos de mí» los discípulos luego reaccionaron siguiéndolo. Había un intenso carisma en las palabras y en el semblante de aquel maestro que atraía las personas.

Cristo cautivó tanto a las personas que ellas no podían aceptar la idea de separarse de él. Cuando fue crucificado, ellas se golpeaban el pecho inconformes (Lucas 23.48). Tal vez se dijeron a sí mismos: «¿Cómo es posible que, alguien que cambió nuestras vidas y nos dio un nuevo sentido para vivir pase por una muerte tan dolorosa y ultrajante? ¿Cómo puede alguien tan inteligente y poderoso no haber usado su fuerza y capacidad intelectual para escapar de su propio juicio?» Era muy difícil para ellas comprender las consecuencias e implicaciones de la crucifixión de Cristo.

El proceso de interiorización en las sociedades modernas

En la actualidad hemos perdido el placer de realizar el proceso de interiorización.

Se multiplicaron las escuelas y el acceso a la información, pero no multiplicamos la formación de pensadores.

Hoy, con frecuencia, las personas solo son motivadas a aprender porque así usan el conocimiento como herramienta profesional. Si eliminásemos el titulo profesional y la posibilidad de adquirir lucro con la adquisición de conocimientos, las universidades morirían, ¡el conocimiento sería enterrado! El placer de aprender y de tornarse un ingeniero de ideas está vacío en las sociedades modernas. Fue reemplazado, como veremos adelante, por la paranoia del consumismo, de la estética, de la competición agresiva.

No hay dudas de que muchas personas seguían a Cristo para atender a sus propias necesidades básicas y observar los hechos sobrenaturales. Él era consciente de eso (Juan 2.23-25). Pero, muchos lo seguían porque fueron despertados por él, descubrieron el placer de aprender. Platón habló del placer de aprender.* Si él hubiera vivido en la época de Cristo,

---

*Platón, *La República*, libro VII (Madrid: Alianza, 1998).

probablemente serían íntimos, y quedaría encantado con la habilidad del maestro de Nazaret de llevar a personas desprovistas de estudios a romper la rutina existencial y tener sed de crecimiento interior.

El proyecto de Jesús era sorprendente. Bajo su influencia las personas se volvían caminantes en las trayectorias de su propio ser. Bajo el cuidado de ese maestro aprendieron a echar raíces dentro de sí mismas, aprendieron a ver la vida desde otra perspectiva y a darle un sentido noble, hasta en las miserias y en los dolores existenciales.

Desobstruyendo la inteligencia

Ponerse como aprendiz ante la vida profesional, social e intelectual es un verdadero ejercicio de inteligencia. Una persona que posee esa característica es siempre creativa, lúcida y brillante intelectualmente. Se despoja a menudo de sus preconcepciones y mira la vida desde ángulos distintos. Por otro lado, una persona que se siente rica interiormente está siempre tensa, enfadada y envejecida intelectualmente.

Hace bien tanto a la salud física como a la salud psíquica ponerse como aprendiz delante de la existencia. Esa característica no tiene que ver con la edad. Hay jóvenes que son viejos, porque son rígidos intelectualmente. Hay viejos que son jóvenes, porque son libres y dispuestos a aprender. Tal característica es más importante que la genialidad. Es posible ser un genio y ser solo un baúl lleno de informaciones, sin ninguna creatividad.

Si observamos la historia de los hombres y mujeres que más han brillado por su inteligencia, constataremos que la curiosidad, el desafío, la osadía, la sed de aprender, la capacidad de ponerse como aprendiz delante de los acontecimientos de la vida eran su secreto. Muchos pensadores fueron más productivos cuando aún eran inmaduros, pues tenían preservadas esas características. En esa fase, aunque tuvieran los problemas relacionados con la falta de madurez intelectual, estaban más abiertos para el aprendizaje. Pero, cuando conquistaron estatus, fama, prestigio social y abandonaron la posición de aprendices, cayeron en la ruina intelectual.

Quienes se contaminan con el virus de la autosuficiencia reducen su propia producción intelectual. Quienes se embriagan con el orgullo se están condenando a la infantilidad emocional y a la pobreza intelectual, además de hacer de la vida una fuente de ansiedad. El orgullo engendra muchos hijos, entre los cuales está la dificultad de reconocer los errores y la necesidad compulsiva de siempre tener la razón. Aquél que recicla su orgullo y se libera del yugo de siempre tener la razón, camina por la vida con más tranquilidad. La persona que reconoce sus limitaciones es más madura que la que se sienta en el trono de la verdad.

Una de las más grandes dificultades educacionales es llevar un maestro a colocarse continuamente en la posición de alumno y mantenerse como alumno constante, en condición de aprendiz. Muchos profesionales liberales y ejecutivos se han tornado estériles con el paso del tiempo, pues se encierran dentro de sí mismos, cimientan su inteligencia con las amarras de la autosuficiencia y de la independencia exagerada.

Muchos científicos son productivos cuando están en el inicio de sus carreras. Entre tanto, mientras más suben en la jerarquía académica y valoran sus títulos, tienen gran dificultad en producir nuevas ideas. Los periodistas, los profesores, los médicos, los psicólogos, en fin, toda y cualquier persona que no recicla la autosuficiencia encarcela el pensamiento y aborta la creatividad. Es probable que muchos de nosotros estemos intelectualmente estériles y no tengamos consciencia de eso por causa de la dificultad de meditar y recapacitar en nuestra historia.

Cristo provocaba continuamente la inteligencia de sus discípulos y los estimulaba a abrir las ventanas de sus mentes. Los pensamientos de él eran nuevos y originales e iban en contra de los paradigmas de sus discípulos, contra todo lo que habían aprendido como modelo de vida.

Por eso, tenía un gran desafío por delante. Necesitaba romper la rigidez intelectual y conducirlos para que se pusiesen como aprendices delante de la tortuosa y turbulenta trayectoria de la vida. ¿A quiénes escogió como discípulos? ¿A intelectuales o a iletrados?

Inexplicablemente Cristo no eligió como discípulos para revelar su propósito y ejecutar su proyecto al grupo de intelectuales de la época, representados por los escribas y fariseos. Estos tenían la gran ventaja de poseer una cultura milenaria y una refinada capacidad de raciocinio. Además, algunos lo admiraban mucho. Pero, tenían en su contra el orgullo, la autosuficiencia y la rigidez intelectual, lo que impedía que se abriesen hacia otras posibilidades de pensamiento.

El orgullo y la autosuficiencia contaminan la sabiduría y el arte de pensar

El orgullo y la autosuficiencia de los escribas y fariseos obstruían su inteligencia y los encerraban en una cárcel intelectual. En la escuela de Cristo, el orgullo y la autosuficiencia contaminan la sabiduría y abortan el arte de pensar. En ella nadie se gradúa, todos son «eternos aprendices». Todos deben tener la postura intelectual de un niño, que es abierto, sin preconcepciones y con gran disposición para aprender (Marcos 10.15).

Cristo demostraba que necesitaba de algo más que admiradores y simpatizantes de su causa. Necesitaba mentes abiertas y espíritus libres y sedientos. Él no desistió de los escribas y fariseos, pero, en lugar de insistir con ellos, prefirió comenzar todo de nuevo, y buscó personas aparentemente descalificadas para ejecutar un proyecto más profundo y trascendental. Eligió un grupo de incultos pescadores que probablemente no conocían nada más que los límites del mar de Galilea, que nunca pensaron en mirar hacia su interior ni en desarrollar el arte de pensar, personas que nunca reflexionaron profundamente acerca de los misterios de la existencia o soñaron en ser más que simples pescadores o recolectores de impuestos.

El mundo intelectual y espiritual de aquellos hombres era muy pequeño. Hasta que un maestro intrigante pasó por ellos, abrió sus mentes y despertó en ellos un espíritu sediento que cambiaría para siempre el trayecto de sus vidas.

Cristo tomó una decisión arriesgada, valiente y desafiadora. Hizo una elección poco común para sacar adelante su complejo deseo. Eligió un grupo de hombres iletrados y sin grandes virtudes intelectuales para transformarlos en ingenieros de la inteligencia y tornarlos propagadores (apóstoles) de un plan que revolucionaría el mundo, traspasaría los siglos y conquistaría centenas de miles de personas de todos los niveles culturales, sociales y económicos.

9 | Invirtiendo en sabiduría frente a los inviernos de la vida

Los principios de la matemática emocional

Muchos invierten buena parte de su energía física y psicológica en aplicar dinero en las bolsas de valores, en adquirir bienes materiales, en tener un carro del año, en tener un buen plan de salud. A pesar de ser legítima, la seguridad financiera es totalmente insuficiente para satisfacer las necesidades más íntimas del ser humano, para dar sentido a su existencia, enriquecer su placer de vivir y madurar su personalidad.

Traté a varias personas con trastornos depresivos que eran financieramente ricas, pero que habían perdido el encanto por la vida. Muchos confesaron que sentían envidia de las personas sencillas que, aunque no tuviesen estudio ni apoyo financiero, sonreían delante de las pequeñas cosas de la vida.

Recuerdo a un gran empresario agroindustrial que me dijo que algunos de sus trabajadores que cortaban caña eran más ricos que él, pues, a pesar de la miseria material, lograban cantar y alegrarse mientras trabajaban. De hecho, hay miserables que viven en palacios y ricos que viven en chozas.

No estoy defendiendo la miseria. Al contrario, la miseria en todos los sentidos debería ser extirpada de la sociedad, pero quiero decir que la mente humana es tan compleja que desobedece a las reglas de la matemática financiera. La matemática emocional tiene, afortunadamente, principios que traspasan los límites de la matemática lógica. Tener no es ser. El que tiene diez casas no tiene diez veces más placer en la vida ni diez veces más estabilidad emocional que los que viven en una choza. Quien tiene un millón de dólares no es miles de veces más alegre que quién posee algunas pocas monedas.

Es posible poseer mucho financieramente y ser emocionalmente triste, infeliz. Es posible tener riquezas materiales y baja capacidad de contemplar la belleza. La matemática emocional puede cambiar los principios de la matemática financiera, principalmente para quien aprende a invertir en sabiduría. El proceso de construcción de la inteligencia es un espectáculo tan sofisticado que promueve hechos inesperados y escenas imprevisibles a lo largo de la vida.

Todos comentan acerca de la miseria física porque es perceptible a los ojos, pero raramente se habla acerca de la miseria emocional que abate el ánimo y restringe el placer de la existencia. El tiempo de vida es muy corto. En un instante somos jóvenes y en otro somos viejos. A los niños les gusta festejar su cumpleaños. Cuando llegamos a la madurez, queremos detener el tiempo, pero él no para. La brevedad de la vida debía hacernos buscar la sabiduría y dar un sentido más rico a la existencia. Pues de lo contrario, el enfado y la angustia serán compañeros íntimos de nuestro camino.

Invirtiendo en sabiduría: los dolores de la existencia desde otra perspectiva

Cristo anhelaba que sus discípulos se transformaran en grandes inversionistas en sabiduría. Él no deseaba que el ser humano tuviera una meta existencial superficial y pobre. Al investigar su historia, constatamos que para él cada persona era un ser único que debía vivir su vida como un espectáculo único. Por eso, él aprovechaba cada oportunidad para entrenar sus discípulos a crecer delante de las limitaciones y de las fragilidades humanas (Marcos 7.20-23). Buscaba abrir el horizonte intelectual de ellos para que pudiesen ver el sufrimiento bajo otra perspectiva.

Los dolores de la existencia, tanto los físicos como, principalmente, los psicológicos, debían ser aliviados. Pero para Cristo, también podían usarse para limar las aristas de la personalidad. El ser humano aprende fácilmente a tratar con los éxitos y ganancias, pero tiene gran dificultad en aprender a tratar con los fracasos y pérdidas. Vivimos en sociedades que niegan los dolores de la existencia y valoran exageradamente la búsqueda del éxito. Cualquier persona aprende a lidiar con las primaveras de la vida, pero solo los sabios aprenden a vivir con dignidad en los inviernos existenciales.

El hecho de que seamos seres pensantes y con consciencia nos hace una especie muy compleja y, consecuentemente, complicada. Una especie que crea sus propios enemigos. A cada momento penetramos en los laberintos de la memoria y formamos ricas cadenas de pensamientos sin saber cómo encontrar las direcciones de los datos guardados en la memoria. Pensar es una especie de espectáculo. Pero, tanto puede ser un espectáculo de placer como de terror. Si el mundo de las ideas que construimos en el escenario de nuestras mentes es negativo, hacemos de nuestra vida un espectáculo de angustia, aunque podamos tener privilegios exteriores.

Frecuentemente, el ser humano es el mayor verdugo de sí mismo. Muchos sufren por antelación, hacen su «velorio antes de tiempo». Los problemas aún no ocurrieron y ellos ya están sufriendo anticipadamente. Otros revuelven el pasado y se hunden en una esfera de sentimientos de culpa. El peso de la culpa está siempre hiriéndolos. Otros, aún, se autodestruyen por la supersensibilidad emocional que poseen: pequeños problemas tienen una inmensa repercusión dentro de ellos. Las personas muy sensibles acostumbran a ser optimistas con los demás, pero pesimistas consigo mismas.

Cuando alguien las ofende, se les arruina el día y, a veces, hasta la semana. Para esas personas, la magnífica construcción de pensamientos deja de ser un espectáculo de entretenimiento para tornarse una fuente de ansiedad.

Si no reciclamos las ideas de contenido negativo, si no trabajamos los sentimientos de culpa y reevaluamos la supersensibilidad emocional, fácilmente desarrollaremos depresión o un estado de estrés acompañados de síntomas psicosomáticos. Pensar no es una opción para el ser humano. Pensar, como hemos visto, es un proceso inevitable. Nadie logra romper el flujo de pensamientos, pero es posible controlar con alguna madurez los pensamientos y emociones; si no, nos volveríamos víctimas de nuestra propia historia. Si no fuéramos agentes modificadores de nuestra historia, si no la reescribiéramos con madurez, seguramente seríamos víctimas de los inviernos existenciales.

Reescribir la historia es el papel fundamental del ser humano. Necesitamos admitir la necesidad de esa inversión intelectual.

Cristo extraía sabiduría de su miseria

Cristo estaba siempre conduciendo a las personas a reescribir sus historias y a no ser víctimas de las dificultades sociales y de los sufrimientos que vivían. Él se preocupaba con el desarrollo de las funciones más altruistas de la inteligencia. Deseaba que las personas tuviesen dominio propio, administrasen sus pensamientos y aprendiesen a caminar por las calles de la perseverancia ante las dificultades de la vida.

Jesús fue ofendido diversas veces, pero sabía proteger sus emociones. Algunos fariseos decían que él era el principal de los demonios. Para alguien que se presentaba a sí mismo como el «Cristo», esa ofensa era muy grave. Pero las ofensas no lo alcanzaban. Solamente una persona fuerte y libre es capaz de reflexionar acerca de las ofensas y no ser herida por ellas. Él era fuerte en sus pensamientos, por eso podía dar respuestas excepcionales en situaciones donde difícilmente había espacio para pensar, en situaciones donde fácilmente la ira nos llenaría.

Ni aún la posibilidad de ser arrestado y muerto en cualquier momento parecía perturbarlo. Él trascendía las circunstancias que normalmente nos llenarían de ansiedad. Tenía muchos opositores, y así mismo manifestaba con osadía sus pensamientos en público. Tenía todos los motivos para sufrir insomnio, entre tanto no perdía una noche de sueño, siendo capaz de dormir hasta durante situaciones turbulentas.

Cierta vez, los discípulos, que siendo pescadores eran especialistas en el mar, quedaron tremendamente horrorizados delante de una gran turbulencia marítima. Mientras ellos estaban desesperados, Cristo dormía. Él no era pescador, ni estaba acostumbrado a viajar en barco. El que no está acostumbrado a navegar generalmente sufre mareos en el viaje, principalmente si el mar está agitado. Desesperados, los discípulos lo despertaron. Despierto, él censuró el miedo y la ansiedad de ellos y con un gesto calmó la tempestad. Los discípulos, intrigados nuevamente, se preguntaban entre sí: «¿Quién es éste, que aun a los vientos y a las aguas manda, y le obedecen?» (Lucas 8.22-25). Lo que quiero enfatizar aquí no es el milagro sobrenatural realizado por Cristo, sino la tranquilidad que demostraba ante las situaciones donde la desesperación dominaba.

Él actuaba con serenidad cuando todos estaban horrorizados. Protegía sus emociones de las contrariedades. Muchos hacen de sus emociones un depósito de basura. No filtran los problemas, las ofensas, las dificultades que experimentan. Por el contrario, ellas los invaden con extrema facilidad, produciendo angustia y estrés. Aún así, Cristo no se dejaba invadir por las turbulencias de la vida. Él administraba sus emociones con gran habilidad, pues filtraba los estímulos angustiantes, estresantes.

No solo el temor no formaba parte de su diccionario de la vida, sino tampoco la desesperación, la ansiedad, la inseguridad y la inestabilidad. Los discípulos contemplaban a su maestro atentos y embebidos y así, poco a poco aprendían con él a ser fuertes y libres interiormente, así como seguros, tranquilos y estables en las situaciones de estrés.

Todos elogian a la primavera y esperan ansiosos su llegada, pues piensan que las flores surgen en esa época del año. En realidad, las flores surgen en el invierno, aunque clandestinamente, y se manifiestan en la primavera. La falta de agua, el frío y la poca luminosidad del invierno castigan a las plantas, llevándolas a producir metafóricamente las flores que se abrirán en la primavera. Las flores contienen semillas, y las semillas no son nada más que el intento de darle continuidad al ciclo de la vida de las plantas ante el crudo frío invernal. El caos del invierno es responsable de las flores de la primavera.

Al analizar la historia de Cristo, está claro que los inviernos existenciales por los cuales pasó no lo destruyeron, al contrario, generaron en él una bella primavera existencial, manifestada en su sabiduría, amabilidad, tranquilidad, tolerancia, capacidad de comprender y superar los conflictos humanos.

Todo ser humano pasa por inviernos existenciales

Toda y cualquier persona pasa por turbulencias en su vida. Los dolores producidos por problemas externos o por factores internos son los fenómenos más democráticos de la existencia. Un rey puede no tener problemas financieros, pero puede tener problemas internos. La princesa Diana era elegante y humanitaria y no atravesaba problemas financieros, pero, por lo que consta, poseía dolores emocionales intensos, sufría crisis depresiva. Tal vez sufría mucho más que los pobres de África o del nordeste brasileño.

Las personas que pasan por dolores existenciales y los superan con dignidad se hacen más hermosas e interesantes interiormente. Quien pasó por el caos de la depresión, del síndrome del pánico o de otras enfermedades psíquicas y lo superó se vuelve más rico, bello y sabio. La sabiduría hace a las personas más atractivas, aunque el tiempo arrugue su piel e imprima las marcas de la vejez.

Una persona que tiene miedo del miedo, miedo de su depresión, de sus miserias psíquicas y sociales, tiene menos equipaje intelectual para superarlas. El miedo alimenta el dolor. Aprender a enfrentar el miedo, actuar con seguridad en los momentos de sufrimiento y reciclar las causas de los conflictos humanos conduce una persona a reescribir su historia.

A todos nos gusta vivir las primaveras de la vida, vivir una vida con placer, con sentido, sin tedio, sin turbulencias, donde los sueños se vuelven realidad y el éxito toca a nuestra puerta. Entretanto, no hay un ser humano que no haya atravesado inviernos existenciales. Algunas pérdidas y frustraciones que vivimos son imprevisibles e inevitables. ¿Quién consigue evitar todos los dolores de la existencia? ¿Quién nunca tuvo momentos de fragilidad y lloró lágrimas húmedas o secas? ¿Quién consigue evitar todos los errores y fracasos? El ser humano, por más prevenido que sea, no puede controlar todas las variables de la vida y evitar determinadas angustias.

Todos pasamos por momentos de estrés. Las preocupaciones existenciales, los desafíos profesionales, los compromisos sociales y los problemas en las relaciones interpersonales producen continuamente momentos de tensión que, a la vez, producen estrés y ansiedad. Esas emociones pueden ejercer un control sobre la inteligencia que nos impide ser libres, tanto en la construcción como en el control de los pensamientos. A veces, las acciones en los momentos de estrés son tan dramáticas que ejercen una verdadera dictadura sobre la inteligencia.

Quien cuida solamente de la estética del cuerpo y descuida su enriquecimiento interior vive la peor soledad, la de haberse abandonado a sí mismo en el camino de la existencia. Las personas que viven preocupadas con cada gramo de peso hacen de sus vidas una fuente de ansiedad. Tienen gran dificultad en superar las contrariedades, las contradicciones y los momentos de angustia que surgen a lo largo del camino de la existencia.

La dictadura de los puntos de tensión hace del ser humano una víctima de su historia, y no un agente constructor de ella, un autor que reescribe sus principales capítulos. Es más fácil ser mártires que autores de nuestra historia. Muchas personas son marionetas de las circunstancias de la vida, no logrando redirigir ni repensar sus historias.

Cristo veía los dolores de la vida bajo otra perspectiva. Encaraba las contrariedades con calma, no tenía miedo del dolor ni de las frustraciones por las cuales pasaba. Muchos lo decepcionaron, hasta sus íntimos discípulos lo frustraron, pero él absorbía las frustraciones con tranquilidad. Como maestro de la escuela de la existencia, entrenaba continuamente a sus discípulos para superar los momentos de estrés, para enfrentaren sus miedos y sus fracasos. Así, podrían reescribir sus historias, y corregir sus rutas con madurez.

Cierto día, Jesús tuvo un diálogo corto y lleno de significado con sus discípulos, en Juan 16.33 dijo: «En el mundo tendréis aflicción; pero confiad, yo he vencido al mundo». Él reconoció que la vida humana es sinuosa y posee turbulencias inevitables, animó a sus íntimos a que no se intimidaran delante de las aflicciones de la existencia, sino que se capacitasen con ánimo y determinación para superarlos. Dijo que había vencido al mundo, superado las crudezas de la vida, lo que indica que él no vivía su vida de cualquier manera, sino con conciencia, con objetivos bien establecidos, como si fuera un atleta.

Produciendo una escuela de sabios

Cristo tuvo un nacimiento indigno, y los animales fueron sus primeras visitas. Probablemente hasta los niños más pobres tienen un nacimiento más digno que el de Jesús. Cuando tenía dos años, debería estar jugando, pero ya encaraba grandes problemas. Estaba amenazado de muerte por Herodes. Pocas veces un niño frágil e inocente fue tan perseguido como él. Huyó con sus padres hacia Egipto, hizo largos viajes poco cómodos, a pie o montado en animales. Tenía una inteligencia poco común para un adolescente, siendo admirado a los doce años por doctores del templo. Además, vino a ser un carpintero, siéndole necesario trabajar para sobrevivir.

Cuando manifestó sus pensamientos al mundo, provocó gran turbulencia. Fue amado por muchos, pero en la misma proporción fue perseguido, rechazado y odiado por aquellos que ostentaban el poder político y religioso en su época. Fue incomprendido, rechazado, abofeteado, escupido y herido física y psicológicamente. Cristo tenía todos los motivos para estar deprimido, irritado, angustiado. En lugar de ello, expresaba tranquilidad, capacidad de amar, de tolerar, de superar los momentos de angustia y, como dije, hasta de hacer poemas con su miseria.

A pesar de pasar por tantas dificultades a lo largo de la vida, era una persona alegre. Tal vez no exhibiese anchas y hartas sonrisas, pero era alegre en su interior, probablemente más de lo que podamos imaginar. Poco antes de su martirio, manifestó el deseo de que los discípulos experimentasen la alegría que él disfrutaba, la alegría completa (Juan 14.28; 16.20-22). Hay personas que tienen buenos motivos para ser felices pero están siempre insatisfechas, descontentas con lo que son y poseen. Sin embargo, Cristo, a pesar de tener todos los motivos para ser una persona triste, se mostraba feliz y sereno.

¿Cómo es posible que alguien que sufrió tanto desde la niñez se mostrarse tan tranquilo, capaz de no perder la paciencia cuando estaba contrariado y de superar los contratiempos de la vida con serenidad? ¿Cómo es posible que alguien que fue tan rechazado e incomprendido fuera capaz de hacer creer que no solo era alegre, pero que también poseía una fuente de alegría que podría propiciar al ser humano placer y sentido existencial plenos? Cristo era un gran inversor en sabiduría. Sus sufrimientos lo convirtieron en un individuo más tranquilo y no más tenso. Los dolores no lo desanimaban ni causaban conflictos psíquicos como normalmente ocurre con nosotros.

Cristo demostraba ser un excelente administrador de sus pensamientos. Por la forma como se conducía, se puede concluir que cuando pasaba por frustraciones y contrariedades, no se detenía a la vuelta del estímulo estresante.

Consecuentemente, sus pensamientos no quedaban superacelerados. Por el contrario, se calmaban en el escenario de su mente. Eso hacía que él los administrase fácilmente y produjese respuestas calmadas e inteligentes en situaciones estresantes.

Es difícil construir una historia de placer cuando nuestras vidas transcurren en un desierto. Es difícil entregarnos sin esperar de las personas algo a cambio, no sufrir cuando ellas no corresponden a nuestras expectativas. Es igualmente difícil administrar los pensamientos en los puntos de tensión. No conozco un psiquiatra o psicólogo que tenga la capacidad de preservar su emoción del estrés e invertir en sabiduría como Cristo. Él fue el Maestro de los maestros en una escuela donde muchos intelectuales se conducen como débiles alumnos.

Cristo no quería fundar una corriente de pensamiento psicológico. Su proyecto era mucho más ambicioso y sofisticado. Entretanto, su psicología tenía una complejidad sin igual. La psicología clásica nació como ciencia hace casi un siglo, pero Cristo, veinte siglos antes ejercía una psicología preventiva y educacional del más alto nivel.

Los discípulos aprendieron, poco a poco, a lidiar con madurez con sus sentimientos de culpa, sus errores, sus dificultades; a caminar con dignidad por los inviernos existenciales. Comprendieron que su maestro no exigía que fueran superhombres, que no fracasasen, que no atravesasen dificultades ni tuviesen momentos de titubeo, sino que aprendiesen a ser fieles a su propia conciencia, que se pusiesen como aprendices delante de la vida y se transformasen gradualmente.

Respecto a ese tema, el maestro narró la historia de un hombre que encontró una perla valiosísima. Ese hombre vendió lo que tenía para adquirirla (Mateo 13.45-46). El hecho de vender, aquí, es figurado, no significa vender los bienes materiales, sino desobstruir la inteligencia, el espíritu humano, deshacerse de las cosas inútiles, para poder cultivar la perla dentro de sí mismo. Hay muchos significados para la palabra perla, siendo uno de ellos la sabiduría, dentro de su proyecto trascendental. El sabio rey Salomón decía acerca de ella: «Bienaventurado el hombre que halla la sabiduría, ... porque su ganancia es mejor que la ganancia de la plata, y sus frutos más que el oro fino» (Proverbios 3.13-14).

En las aulas de clases de las escuelas clásicas, mantener a los alumnos en silencio ya es una gran victoria. Si, además de eso, ellos memorizan el conocimiento y obtienen buenos resultados en los exámenes, se puede decir que hubo éxito. Y aún si fueren creativos y aprendieren algunas lecciones de ciudadanía, eso sería lo máximo del éxito educacional. En la escuela de la existencia de Cristo la exigencia era mucho mayor. No era suficiente conquistar esas funciones de la inteligencia; era necesario invertir en sabiduría, controlar los pensamientos en los momentos de estrés, encarar el miedo, usar los errores y fracasos como factores de crecimiento, reescribir sus propias historias. Cristo puso a sus discípulos en una escuela de sabios. Sabios que eran personas comunes por afuera, pero especiales por dentro. Sabios que vivieron una vida plena, aunque sencilla exteriormente.

10| Un narrador de historias que sabía trabajar con las habilidades de la memoria y estimular el arte de pensar

Usando el arte de la pregunta y de la duda

Estudiar la osada, creativa y elegante inteligencia de Cristo podría expandir el arte de pensar de los estudiantes de cualquier nivel y edad escolar, desde el nivel básico hasta la universidad. Entre las habilidades de su inteligencia están el arte de la pregunta y el arte de la duda.

Gran parte de los alumnos de las escuelas clásicas no desarrolla el arte de la pregunta ni el arte de la duda. Sienten recelos de preguntar, de exponer sus dudas y de discutir abiertamente los conocimientos que les son trasmitidos. Los dos o tres años en que los alumnos están encerrados en el salón de clase sin ser estimulados a expandir el arte de la pregunta y el arte de la duda son suficientes para causar una secuela intelectual que los dejará inhibidos por toda la vida. Nunca más, ni siquiera cuando adultos, lograrán hacer preguntas sin sentir un gran malestar, principalmente cuando estuvieren en público.

Algunos, cuando levantan la mano para hacer una pregunta en público, sudan frío, quedan con la boca seca y hasta les da taquicardia. La gran mayoría de nosotros posee esa secuela causada o perpetuada por principios de una educación que se arrastra por los siglos. ¿Quién no siente malestar emocional al hacer preguntas en público? Muchos, a pesar de muy inteligentes, poseen tanta inhibición social que a lo largo de su vida jamás la superarán, perjudicando con eso su desempeño social y profesional. La escuela clásica necesita revertir ese proceso. Los principios de la inteligencia de Cristo pueden contribuir mucho para eso.

El incentivo que se da al arte de la pregunta y al arte de la duda es tan frágil en las escuelas clásicas que es insuficiente para estimular el arte de pensar. El placer del saber ha sido reducido. La respuesta es ofrecida de forma lista, elaborada. La respuesta lista aplasta el arte de la pregunta, retrae el arte de la duda, agota la curiosidad y la creatividad.

¿Qué es más importante: la respuesta o la duda? En el primer momento, siempre es la duda. Ella nos vacía y estimula el pensamiento. Lo que determina la dimensión de la respuesta es la dimensión de la duda. Cualquier computadora puede ofrecer millones de respuestas, pero ninguna de ellas jamás logrará desarrollar algún tipo de duda, poseer algún momento de dubitación. Las computadoras son simplemente esclavos con estímulos programados. El niño abandonado que camina por las calles produce a diario fenómenos psicológicos, como aquellos relacionados a la duda y a la curiosidad, que las computadoras jamás lograrán producir.

El trabajo principal de un maestro no es ofrecer respuestas, sino estimular a sus alumnos a que desarrollen el arte de pensar. Por otro lado, no hay manera de estimularlos a pensar si no aprenden a preguntar y a dudar constantemente. Cristo era un ilustrísimo interrogador. Era un maestro que estimulaba constantemente a las personas a dudar de sus dogmas y a desarrollar nuevas posibilidades de pensar. Quien analice con atención sus biografías descubrirá esa característica de su personalidad. A veces, él preguntaba más de lo que contestaba. Hubo varias situaciones donde él no respondió a las preguntas con respuestas, sino con más preguntas (Lucas 20.2-3).

¿Cómo podría Cristo abrir las ventanas de la mente de las personas para un proyecto tan sofisticado como el suyo, que implicaba una verdadera revolución interior? Él necesitaba libertar el pensamiento para que las personas, principalmente aquellas de mente abierta y espíritu sediento, pudieran comprenderlo. Sabía que el arte de la pregunta producía el arte de la duda y que la duda rompía la cárcel intelectual, abriendo los horizontes del pensamiento. Su procedimiento intelectual supera con ventajas las técnicas propuestas por muchas teorías educacionales.

Cierta vez, Cristo preguntó a sus discípulos: «¿Quién dice la gente que soy yo?» Él sabía lo que el pueblo decía de él, pero hacía preguntas para estimular sus discípulos a pensar. Otra vez, preguntó a la mujer adúltera: «Mujer, ¿dónde están los que te acusaban?» Él sabía que los acusadores ya se habían retirado, pues quedaron perturbados ante su inteligencia, pero quería que aquella mujer se interiorizase y recapacitase su historia.

Un día, los fariseos preguntaron acerca de su origen, pues querían condenarlo por sus propias palabras. Y como Cristo conocía la intención de ellos, respondió con otra pregunta acerca del origen de Juan el Bautista. Para partir las raíces de la hipocresía de sus acusadores, él los condujo a que hablasen acerca de su famoso precursor, aquél que todo el pueblo consideraba como un profeta. Si los fariseos negaban a Juan, el pueblo se rebelaría contra ellos; si lo reconocían, tendrían que aceptar al maestro que él anunciaba, Cristo. Entonces, constreñidos, los fariseos prefirieron desentenderse y dijeron que no sabían. Con eso, Cristo, que estaba en una situación difícil y que no quería sobresalirse, no se sintió obligado a contestar acerca de su origen. Así, como muchas otras veces hizo, impactó la inteligencia de los fariseos con el arte de la pregunta. Muchos quedaban admirados con su sabiduría.

Cristo constantemente proponía parábolas. Él se preocupaba más por el arte de la pregunta que por satisfacer la ansiedad con la respuesta. A nadie le gusta la duda, a nadie le gusta sentir inseguridad. A todos nos gusta la seguridad, la respuesta completa. Sin embargo, nadie logra el éxito intelectual, social o aun espiritual si no aprende a vaciarse y cuestionar su rigidez dudando de sí mismo. Una persona autosuficiente endurece su inteligencia, permanece en una rutina sin fin.

Cristo quería que sus discípulos asumiesen otra naturaleza y fueran transformados en sus raíces más íntimas. Él discurría acerca del «Consolador», el «Espíritu Santo». La psicología no tiene elementos para estudiar este tema, pues esto entra en la esfera de la fe. Pero, ella puede estudiar los objetivos de la escuela de la existencia de Cristo.

El Maestro de los maestros ofrecía pocas reglas y pocas enseñanzas religiosas. Su preocupación fundamental era conducir a hombres y mujeres a recorrer los caminos de su propio ser y a ampliar su visión de los amplios aspectos de la inteligencia. Las acciones sorprendentes de Cristo, en una época donde no había recursos pedagógicos, revaloriza mucho el papel de los maestros en la sociedad moderna.

Los profesores son héroes anónimos, hacen un trabajo clandestino. Ellos siembran donde nadie ve, en los bastidores de la mente. Aquellos que cosechan los frutos de esas semillas raramente recuerdan sus orígenes, el trabajo de los que las plantaron. Ser un maestro es ejercer uno de los más dignos papeles intelectuales de la sociedad, aunque sea uno de los menos reconocidos. Los alumnos que no saben evaluar la importancia de sus maestros en la construcción de la inteligencia nunca llegarán a ser maestros en el arte de vivir.

La historia de Cristo demuestra que los maestros no son sustituibles en una educación profunda, en una educación que promueve el desarrollo de la inteligencia múltiple, abierta y amplia, y no limitada, cerrada y restricta.

Un agradable narrador de historias

Cristo era un agradable narrador de historias, paciente y carismático en el arte de enseñar. Era un privilegio estar a su lado. Cautivaba hasta a sus oponentes. Transmitía enseñanzas complejas con historias simples. Estaba siempre contando una historia que pudiera atraer a las personas y estimularlas a pensar.

Un maestro eficiente no solo cautiva la atención de sus alumnos y no provoca enfado cuando enseña, sino que los conduce a profundizar en el conocimiento que expone. Por eso, un maestro eficiente necesita ser más que elocuente, necesita ser un buen narrador de historias. Como tal, Cristo estimulaba el placer de aprender, sacaba a los alumnos de la condición de espectadores pasivos del conocimiento para que se tornaran agentes activos del proceso educacional, del proceso de transformación.

Cristo no frecuentó una escuela de pedagogía, pero poseía una técnica excelente. Enseñaba de forma interesante y atractiva, narrando historias. Su creatividad era impresionante. En las situaciones más tensas, él no se impresionaba, pues siempre encontraba espacio para pensar y contar una historia interesante que envolviera las personas que lo cercaban (Lucas 15.1-32). Un buen contador de historias es insustituible e insuperable por ninguna técnica pedagógica, aunque ella eche mano de recursos modernos.

En muchas escuelas, los alumnos, los profesores y el conocimiento que trasmiten están en mundos diferentes. Unos no entran en el mundo de los otros. Los alumnos no entran en la historia del profesor, los profesores no entran en la historia del conocimiento, o sea, en las dificultades, en los problemas, en las dudas que los científicos y pensadores enfrentaron para producir el conocimiento que es transmitido fríamente en las aulas. La escuela de la existencia de Cristo era diferente. Él conseguía trasportar a sus alumnos dentro del conocimiento que trasmitía. Ellos penetraban en la historia de Cristo y viceversa.

Analizando los detalles de las biografías de Cristo, constatamos que él conocía muy bien los papeles de la memoria. Sabía que la memoria no es depósito de datos. Sabía que lo mejor era estimular a sus discípulos a desarrollar el arte de pensar y no darles una inmensa cantidad de datos «secos» que tendrían poca relación con las experiencias de vida y luego serían olvidados.

Si Cristo fuera un profesor de biología de la actualidad, seguramente no gastaría mucho tiempo dando innumerables detalles «fríos» acerca de las células. Él contaría buenas historias que pudieran conducir a los alumnos a entrar «dentro» de ellas. Si fuera un profesor de física, de química o hasta de idiomas, también contaría historias que conducirían los alumnos a sumergirse en el conocimiento expuesto por él. Con el tiempo, como sucede normalmente en la educación clásica, los alumnos perderían diversos detalles de lo que él expuso, pero nunca más se olvidarían de la esencia de la historia contada. Sus historias y el bosquejo que ellas producirían en la memoria de los alumnos funcionarían como base para que ellos se tornasen ingenieros de ideas.

El conocimiento en la boca de ese maestro cobraba vida, se personalizaba. Cristo usaba la memoria humana como una base intelectual para que sus discípulos se tornasen pensadores. No apreciaba una platea pasiva. Por eso, le gustaba instigar y provocar (Lucas 10.25-37).

Sus enseñanzas eran más difíciles de comprender que la matemática, física o química, pues involucraban cuestiones existenciales, ansiedades, expectativas de vida, inseguridades, solidaridad, cooperación social, en fin, incluían los pensamientos mezclados con las emociones. Ese era otro motivo por el cual él expresaba que era más importante trasmitir datos cualitativos que cuantitativos. Por eso, en sus interesantes historias, él decía mucho con pocas palabras. A veces cuando quería hacer una crítica fuerte a sus oyentes, en lugar de no ser delicado con ellos, contaba una historia o una parábola para hacerlos pensar.

Cristo era un gran sembrador de principios, de pensamientos y de vida. La parábola del hijo pródigo, de las vírgenes insensatas y prudentes, la de los talentos y tantas otras, representaban una didáctica excelente de ese narrador de historias, de ese sembrador que quería que las personas se interiorizasen, reciclasen su postura superficial delante de la vida, se librasen de las preocupaciones exageradas de la existencia y se tornasen en tierra fértil, capaz de producir mucho fruto. Hay mucho que decir acerca del contenido de las historias de Cristo; no obstante, eso será en otra oportunidad.

Padres, ejecutivos, profesionales liberales, o sea, cualquier ser humano que comprenda mejor los papeles de la memoria y se torne un narrador de historias tendrá un desempeño intelectual más eficiente y un caminar más libre en las relaciones sociales. He buscado ser un narrador de historias para mis tres hijas. Todas las veces en que quiero vacunarlas contra el individualismo y contra la discriminación, les muestro la necesidad de valorar más el «ser» que el «tener», las estimulo a que venzan el miedo, a reconocer sus limitaciones y a traspasar sus puntos de tensión. Procuro hacer eso contándoles historias. Ellas han aprendido a apreciar tanto esas historias que, hasta cuando estoy dormitando, casi durmiendo, ellas me piden que se las cuente.

Un día, una profesora recién llegada de África fue bombardeada por la curiosidad de los alumnos acerca de aquel continente. Le preguntaron cómo vivían las personas, qué países había visitado, qué experiencias había tenido. Pero, ella calló y se enojó con la invasión de su vida personal por sus alumnos. Aquella profesora solo estaba preparada para enseñar las materias programadas para aquel día. Conectar su historia con la de los alumnos era un absurdo para ella. El conocimiento que trasmitía era impersonal, no tenía cara, no tenía historia. Para ella, la memoria de los alumnos funcionaba solamente como un depósito de datos.

Esa profesora no comprendió que la escuela clásica debe edificar un puente grande y largo con la escuela de la existencia. No comprendió que uno de los papeles fundamentales de la memoria no es recordar, sino reconstruir las informaciones, y que el objetivo fundamental de la memoria no es ser un depósito de ellas, sino preparar al ser humano para tornarse en un ingeniero de nuevas ideas, y no un albañil de las mismas obras. Seguramente ella perdió una gran oportunidad de cautivar a sus alumnos, estimularlos a pensar y mezclar el conocimiento frío con una bella historia.

Cristo rompía la impersonalidad y la frialdad del conocimiento. Las enseñanzas que trasmitía cobraban vida y se mezclaban con su propia historia. Las personas se sentían privilegiadas en estar a su lado y oírlo. Los fariseos quedaban tan atraídos por la forma como expresaba sus ideas, que, aun siendo sus opositores, estaban siempre cerca a él. Es rarísimo que una persona experimente tanta oposición y, al mismo tiempo, despierte tanta curiosidad.

Jesús no tenía recelos de hablar de sí mismo y de la historia de sus discípulos. Él dinamizaba las relaciones interpersonales. Para ese narrador de historias, enseñar no era una fuente de enfado, de estrés, de obligación, sino una aventura placentera.

El discurso de Cristo acerca de dar la otra mejilla

Cuando Cristo quería mostrar la necesidad de ser tolerante en las relaciones sociales, él no dictaba clases acerca del tema, sino que nuevamente usaba gestos sorprendentes. Él decía que, si alguien fuera agredido en una mejilla, debía ofrecer la otra, y en diversas ocasiones él dio la otra mejilla a sus oponentes, o sea, no respondía cuando lo agredían u ofendían. Él no se refería a la cara física, de la agresión física que puede amenazar la vida. Él hablaba de la cara psicológica.

Si hiciéramos un análisis superficial, nos podríamos equivocar y creer que dar la otra mejilla puede parecer una actitud frágil y sumisa. No obstante, cabe la pregunta: ¿dar la otra mejilla es señal de debilidad o de fuerza? Cuando alguien da la otra mejilla, ¿eso incomoda mucho o poco a la persona agresiva e injusta? Si analizamos la construcción de la inteligencia, constataremos que dar la otra mejilla no es señal de debilidad, sino de fuerza y de seguridad. Solo una persona fuerte logra tener ese gesto. Solo una persona segura de sus propios valores es capaz de elogiar a su agresor. Quien da la otra mejilla no se esconde, no se intimida, sino que enfrenta al otro con tranquilidad y seguridad.

Quien da la otra mejilla no teme al agresor, pues no se siente agredido por él, ni teme a sus propias emociones, pues no es esclavo de ellas. Además, nada perturba tanto a una persona agresiva como que alguien le dé la otra mejilla, no devolver su agresividad con agresividad. Dar la otra mejilla incomoda tanto, que puede provocar insomnio en el agresor. Nada incomoda tanto una persona agresiva como que la otra persona tenga actitudes complacientes hacia ella.

Dar la otra mejilla es respetar al otro, es buscar comprender los fundamentos de la agresividad, es no usar la violencia contra la violencia, es no sentirse agredido delante de las ofensas. Solamente una persona libre, segura y que no se mueve a causa de lo que hablan y piensan acerca de ella, es capaz de actuar con tanta serenidad.

La psicología de «dar la otra mejilla» protege emocionalmente a la persona agredida y, al mismo tiempo, provoca la inteligencia de las personas violentas, estimulándolas a pensar y reciclar su propia violencia.

Cristo era una persona audaz, llena de valentía, que enfrentaba sin miedo las mayores dificultades de la vida. Se oponía totalmente a todas las formas de violencia. No obstante, él no predicaba acerca de la pasividad. La humildad que proclamaba no era fruto del miedo, de la sumisión pasiva, sino de la madurez de la personalidad, fruto de una emoción segura y serena.

Con el discurso de dar la otra mejilla, Cristo quería proteger a la persona agredida, hacerla sobrepasar la agresividad recibida y, al mismo tiempo, educar al agresor, llevarlo a percibir que su agresividad es una señal de fragilidad. ¡Nunca el agresor fue combatido de forma tan intensa y tan elegante!

En la propuesta de Cristo, el agresor pasa a revisar su historia y a comprender que se está ocultando detrás de la violencia.

Con esas palabras, Cristo destruyó paradigmas que hasta hoy tienen lugar en nuestra sociedad, que proclaman que la violencia debe ser combatida con violencia. El maestro de la escuela de la existencia demostró que la fuerza está en la tolerancia, en la complacencia y en la capacidad de conducir el otro a recapacitar.

Recuerdo de un paciente que fue agredido verbalmente por un familiar. Ese paciente no ofreció motivos importantes para haber sido agredido. Su agresor fue injusto y muy duro con él. Pero, mi paciente fue hasta su familiar y se disculpó por haberlo herido de alguna forma. Su reacción de humildad cayó como una bomba en lo íntimo del agresor, que enmudeció y quedó perturbado. En aquel momento, él cayó en sí, se interiorizó y contempló su propia agresividad. Eso lo capacitó a admitir su error y a disculparse. De esa forma, ambos reataron la relación que podría llevar años para ser reparada y que, tal vez, nunca más fuese igual. La relación que volvieron a tener se volvió más abierta y más rica que antes.

Muchas personas temen la reconciliación, estirar la mano hacia el otro, pedir disculpas, sentirse tontas, y por eso defienden sus actitudes y sus puntos de vista con uñas y dientes. Ese comportamiento no trae alivio, sino angustia y sufrimiento. Los padres que aprenden a pedir disculpas a sus hijos no pierden la autoridad, antes se vuelven personas admiradas y respetadas por ellos. Somos óptimos en detectar fallas en los otros, pero miopes para ver las nuestras.

Jesús combatía la violencia con la no violencia. Él apagaba la ira con la tolerancia, desafiaba las relaciones personales usando la humildad.

Con sus gestos, él marcó para siempre la historia de sus discípulos e hizo que el mundo, aunque no practique todas sus enseñanzas, lo admire profundamente. Desgraciadamente, aunque haya leyes, batallones de soldados y sistemas penales, la violencia física y psicológica es parte del día a día de la sociedad moderna.

El mundo en que vivimos es violento. La televisión trasmite programas violentos. La competencia profesional es violenta. En muchas escuelas clásicas, donde debía reinar el saber y la tolerancia, ha sido cultivada la violencia. La violencia produce más violencia. Spinoza, uno de los padres de la filosofía moderna, que era judío, declaró que Jesucristo era sinónimo de sabiduría y que las sociedades involucradas en guerras de espadas y guerras de palabras podrían encontrar en él una posibilidad de fraternidad.

Un poeta de la inteligencia que utilizaba con gran habilidad el fenómeno RAM

Un cuadro habla más que mil palabras. Hemos visto que la memoria sufre un registro automático por medio del fenómeno RAM (registro automático de la memoria). Vimos también que el registro es más privilegiado cuando las experiencias contienen más emociones, más estrés, sea positiva o negativa.

Cristo usaba con habilidad el fenómeno RAM. Sus gestos marcaron para siempre la memoria de los discípulos y cruzaron las generaciones. Él usaba el arte de pensar con una habilidad increíble. Prefirió usar gestos sorprendentes para educar, trasformar y ampliar la visión de sus discípulos. Sus gestos produjeron impactos inolvidables en las memorias de sus íntimos y eran más eficaces que miles de palabras.

Sus biografías retratan un hombre que hablaba poco, pero decía mucho. Cuando deseaba demostrar que no anhelaba el poder político, que más le importaba el interior del ser humano que la estética social, elegía no hacer grandes reuniones o conferencias para discutir el tema. Como comenté, usaba simplemente un gesto sorprendente, que era mucho más representativo y eficiente que las palabras. En el auge de su popularidad, montó un pequeño animal y fue hasta Jerusalén. Nadie pudo olvidar aquel gesto osado, intrépido, raro, y el complejo mensaje que transmitió. El fenómeno RAM lo registró de forma privilegiada, dejando huellas en la trayectoria existencial de sus discípulos.

Ahorrando palabras y predicando con gestos

Padres, profesores y ejecutivos raramente logran sorprender a las personas a su alrededor para que abran las ventanas de sus mentes. Un padre cuyo hijo sufre problemas con la adicción de narcóticos o agresividad queda perdido, sin saber cómo penetrar en el interior del hijo y contribuir para reorganizar su vida. La mejor manera de conquistar a alguien es romper la rutina y sorprenderlo seguidamente con gestos inesperados.

Si un padre es repetitivo, racional, crítico y pesado con el hijo, él empobrece la relación interpersonal y se vuelve poco eficiente como educador. Pero, si lo sorprende seguidamente con gestos inesperados, con momentos de silencio, con diálogos inteligentes, con elogios agradables, seguramente a lo largo de los meses él conquistará a ese hijo y lo ayudará a reconstruir su historia. Muchos padres nunca entraron en el mundo de sus hijos, y muchos hijos nunca tuvieron el placer de conocer a sus padres íntimamente. Salir de una relación superficial y previsible y construir una relación que tenga raíces es una brillante tarea. Conquistar al prójimo es un arte, principalmente si el prójimo es una persona difícil.

Los comportamientos de Cristo echaban raíces profundas en la intimidad de las personas. Eran más elocuentes que decenas de charlas acerca de la necesidad de uno entregarse mutuamente, de buscar ayuda mutua, cooperación social, solidaridad. Cuando él actuaba, la memoria de los que le rodeaban quedaba profundamente impregnada con sus hechos.

Cuando quería demostrar que se oponía a todo tipo de discriminación, se ahorraba las palabras de un discurso y mostraba actitudes inesperadas. Si quería demostrar que estaba en contra de la discriminación por razones estéticas o enfermedades contagiosas, iba a comer en casa de Simeón, el leproso.

Cuando quería demostrar que estaba en contra de la discriminación de las mujeres, tenía paciencia y gestos amorosos para con ellas delante de las personas más rígidas. Si estaba en contra de la discriminación social, iba cenar en la casa de recolectores de impuestos, que eran la «raza» más odiada por los líderes judíos.

Cristo era un poeta de la inteligencia. Utilizaba el fenómeno RAM con extrema habilidad. Sabía que la memoria humana no funciona como un depósito de datos, sino como un soporte para que el ser humano se convierta en un pensador creativo. Sus actitudes sorprendentes producían cuadros psicológicos que eran registrados de forma especial en la memoria de los discípulos. Ese registro era rescatado y retroalimentado continuamente por ellos, enriqueciendo el espectáculo de la construcción de pensamientos y dirigiendo la trayectoria de sus vidas.

Mucho ya se escribió acerca de Cristo, también se han producido varias películas y obras teatrales acerca de él. Varias obras retrataron al maestro de la escuela de la existencia de forma muy superficial, sin considerar su extraordinaria inteligencia. Él es el personaje más comentado del mundo. Pero, muchos no comprendieron que él transmitió ricos mensajes no solo por lo que habló, sino por lo que no habló, por la elocuencia de sus gestos y por sus momentos de silencio.

11 | Superando la soledad: haciendo amigos

La soledad social y la soledad interpsíquica

En estos tiempos de intensa crisis social y educativa, es bueno romper con nuestra vieja forma de pensar y abrirnos a otras posibilidades. Estudiar la inteligencia de Cristo puede proveer principios sociológicos, psicológicos y psicopedagógicos muy útiles.

¿Qué diremos acerca de la paradoja del florecimiento de la soledad en las sociedades intensamente pobladas? La soledad, como comenté, es un fenómeno oculto, traicionero, pero muy presente. Vivimos en sociedad, pero la soledad crece rápidamente. Nos encontramos a diario con muchas personas, pero permanecemos aislados dentro de nosotros mismos. Participamos de eventos sociales, jugamos, sonreímos, pero frecuentemente estamos solos. Hablamos mucho acerca del mundo en que vivimos, sobre la política, economía, y hasta sobre la vida de muchos personajes sociales, pero no hablamos de nosotros mismos, no intercambiamos experiencias existenciales.

El ser humano moderno es solitario, aislado dentro de su propia sociedad, un ser que sabe que tiene fragilidades, dudas, temores, momentos de aprensión, pero tiene miedo de reconocerlas, de asumirlas y de hablar acerca de ellas. Tiene conciencia de la necesidad de hablar de sí mismo, pero elige el silencio y hace de él su mejor compañero. Como dije, muchos acuden al psiquiatra y al psicoterapeuta no porque están enfermos, o por lo menos seriamente enfermos, sino porque no tienen con quién hablar abiertamente acerca de sus crisis existenciales.

Realmente es difícil hablar de nosotros mismos. El miedo de hablar de sí mismo no está relacionado solamente con bloqueos íntimos que las personas tienen para comentar sus historias, sino también con la dificultad de encontrar alguien que haya desarrollado el arte de oír. Alguien que oiga sin prejuzgar y que sepa ponerse en nuestros zapatos y no dar consejos superficiales. Es más fácil desarrollar el arte de hablar que el arte de oír. Aprender a oír implica aprender a comprender a la otra persona dentro de su contexto histórico. Aprender a respetar sus fragilidades, a percibir sus sentimientos más profundos, a captar los pensamientos que las palabras no expresan. El arte de oír es una de las más ricas funciones de la inteligencia.

Muchos no solo desarrollan la soledad social, la soledad de estar cerca físicamente y, al mismo tiempo distante interiormente de las personas que los rodean, sino también la soledad interior, de abandonarse a sí mismos, de no dialogar consigo mismos, de no discutir los propios problemas, dificultades, reacciones.

Quienes no se interiorizan y no aprenden a discutir con libertad y honestidad sus propios conflictos, dificultades, metas y proyectos se abandonan a sí mismos en la trayectoria existencial. Vivimos en una sociedad tan rara que no encontramos tiempo ni para nosotros mismos; una persona que no recapacita y no dialoga consigo misma pierde los parámetros de la vida y consecuentemente se puede volver rígida e implacable con sus propios errores. Se impone metas inalcanzables, que la hunden en una esfera de sentimientos de culpa o, por lo contrario, se puede aislar y no formular metas ni proyectos sociales o profesionales.

El ser humano tiene la necesidad intrínseca de superar la soledad en sus más amplios aspectos; aunque no es muy eficiente en esa superación. Cristo tenía momentos preciosos donde practicaba la introspección. Sus meditaciones frecuentes indicaban que él atribuía una importancia significativa al hecho de caminar en las trayectorias de su propio ser. Siempre encontraba tiempo para quedarse a solas (Lucas 6.12). Entre tanto, es difícil de investigar qué pasaba dentro de él en esos momentos. Si tenemos dificultad de comprender ese aspecto de la vida de Cristo, podemos entre tanto, tener más facilidad de comprender su pensamiento acerca de la soledad social. Pero antes de comentar ese tema, me gustaría hacer un abordaje sobre el misterioso origen de Cristo. Estudiar parcialmente su origen nos puede llevar a comprender mejor su pensamiento sobre el complejo fenómeno de la soledad.

El misterioso origen de Cristo

El origen de Cristo es muy complejo. Algunos temas referentes a él trascienden la investigación científica. De acuerdo con su biografía, su origen biológico tuvo solamente el material genético de María. La ciencia no puede comprobar eso, pues no hay manera de estudiar el material genético de Cristo y de María. Creer en este hecho entra en la esfera de la fe y, por lo tanto, trasciende el campo de la ciencia. Si por un lado la ciencia no puede estudiar el proceso de la formación biológica de Cristo a partir de la carga genética de su madre, por otro no puede decir que eso es imposible. ¿Por qué? Porque la ciencia está comenzando ahora a comprender algunas características de la clonación, tanto sus riesgos como beneficios.

De acuerdo con los evangelios, el origen biológico de Cristo es misterioso. Él decía que tenía un origen diferente, que no era de este mundo

(Juan 8.23). Decía que había venido del cielo. Decía hasta que era el pan que había descendido del cielo para alimentar al ser humano con otro elemento, con otra naturaleza (Juan 6.51). ¿Qué cielo es ese al cual se refería? En el universo hay billones de galaxias. ¿A qué punto del universo él se refería? ¿Sería otra dimensión? No sabemos; apenas suponemos que probablemente Cristo se refería a otra dimensión. Pero, el hecho es que él proclamaba claramente no ser de este mundo, y pertenecer a otro mundo, reino o esfera. Otra vez digo que la ciencia no tiene manera de discutir ese tema con precisión; solo puede hacerse en el campo de la fe. Creer en el origen celestial de Cristo es una cuestión personal.

En cuanto a su origen terrenal, o sea, a su humanidad, Cristo decía ser el hijo del hombre. En cuanto a su origen celestial decía ser el hijo de Dios. Aunque tenemos limitaciones científicas para discutir sobre ese doble origen, podemos por lo menos hacer algunos análisis implícitos.

Permítanme usar el origen de Cristo para hacer una crítica a la necesidad paranoica de poder que tiene el ser humano. El ser humano ama el poder. Si fuera posible le gustaría ser superhumano, un semidios. Si tomamos como verdad la palabra de Cristo de que él no era de este mundo, podemos observar que, si por un lado él afirmaba tener origen extra-humano, por otro valoraba intensamente su condición humana.

¿Qué esperamos de una persona con origen distinto al nuestro? Naturalmente esperamos algunos comportamientos diferentes de los nuestros, que vayan más allá de los patrones de nuestra inteligencia. Cristo exhibía tales comportamientos. Pero, necesitamos comprender la otra faceta de Cristo, la humana, pues, aunque afirmara ser el hijo de Dios, era extremadamente humano. Él amaba relacionarse íntimamente y entrar en la historia y hasta en el dolor particular de las personas con quienes convivía.

Cristo tenía el lado humano más desarrollado que la gran mayoría de las personas. Muchos terrícolas quisieran ser extraterrestres, casi dioses, pero Cristo quería ser hombre, quería mezclarse con las personas, convivir con ellas y tener amigos íntimos. Podemos afirmar que, si por un lado sus comportamientos escapan a los patrones de nuestra inteligencia, por otro eran más humanos y más sencillos que los nuestros.

Disfrutando de su humanidad

El ser humano se involucra en una escalada paranoica rumbo al poder. Muchos hombres quieren ser políticos poderosos. Muchos políticos quieren ser reyes. Muchos reyes quieren o quisieron ser dioses a lo largo de la historia. Con todo, ese Cristo que afirmaba ser Dios y tener el secreto de la vida eterna quería ser un hombre, amaba la condición humana. ¡Qué contraste!

¿El lector ya admiró la especie humana? ¿Ya sintió una pasión poética por el ser humano, independientemente de quién sea él? Cristo sentía tal pasión por la humanidad. A él le gustaba tanto ser humano, apreciaba tanto su origen humano, que usaba una expresión romántica y rara para exaltar ese origen. El decía ser el «hijo del hombre» (Mateo 8.20; 9.6; 12.8). Es raro, pero un ser humano no usa la expresión «hijo del hombre» para exaltar su origen. Esa expresión está de acuerdo con el pensamiento de Cristo acerca de su doble naturaleza. Apreciaba ser reconocido por su naturaleza humana, y no solo como hijo de Dios. Observe cuántas veces en los cuatro evangelios Cristo dijo ser el «hijo del hombre». El respiró, durmió, comió, se angustió, sufrió, lloró y se alegró como hombre.

Muchos comunican el equipo deportivo del cual son hinchas, la ideología política a la cual se adhieren, la corriente psicoterapéutica o educativa que siguen, pues les gusta exaltarlos. A Cristo le gustaba exaltar su origen humano, pues lo apreciaba. Es muy raro oír a alguien decir que se siente alegre por ser humano, pero él proclamaba eso con satisfacción: ser el «hijo del hombre». Partiendo del estudio de los comienzos de las violaciones de los derechos humanos, llegué a cuestionar la viabilidad psicosocial de la especie humana en algunos textos que publiqué. Con todo, Cristo, a pesar de ser tan crítico de la superficialidad, de la hipocresía y de la intolerancia humana, apreciaba la humanidad y, además de eso, su historia revela que albergaba la esperanza de transformarla.

Cristo no era un extraño en la multitud, no se portaba como un «extraterrestre», al contrario, le gustaba mezclarse e involucrarse con todas las clases de personas. Quería tanto tener amigos que preparó un complejo plan para ello. Construyó poco a poco una atmósfera interpersonal para que sus discípulos se tornasen no solamente alumnos o siervos, sino también sus amigos. No bastaba que lo admirasen, él quería que fuesen amigos. Los discípulos lo ponían en un pedestal inalcanzable, pero Cristo quería entretejer su historia con la de ellos.

El anhelaba que los galileos, hombres toscos y sin estudios, se tornasen compañeros suyos en una relación interpersonal, sin distancia. ¿Qué representaba ser un amigo para Cristo? Para él los amigos poseían intimidad, conocían los secretos ocultos del corazón, intercambiaban experiencias existenciales (Juan 15.15).

Crisis en las relaciones sociales: los amigos se están muriendo

En las sociedades modernas, hacer amigos se está tornando en algo muy difícil. El ser humano perdió el aprecio por las relaciones fraternales. A las personas les gusta anularse entre sí y tener el mundo a sus pies, pero Cristo en los últimos días de su vida en esta tierra, expresa que quería mucho más que admiradores, quería amigos. No hay relación más noble que la de amistad. Los amigos se juntan, confían uno en el otro, disfrutan placeres juntos, se confían cosas íntimas, se animan unos a los otros. Los amigos no se anulan, se complementan.

Quien vive sin amigos puede tener poder y palacios, pero vive solo y triste. Quien tiene amigos, aunque no tenga estatus y viva en una casita, no se sentirá solo. La falta de amigos deja un vacío que dinero, poder, estudio o éxito no pueden llenar.

Todos necesitamos de amigos, los cuales no los compramos, sino que los conquistamos, los cultivamos. Muchos quieren tenerlos, pero no saben cómo conquistarlos. Amigos no son aquellos que nos rodean, que viven a nuestro alrededor por lo que tenemos. En el mundo biológico, los animales se agrupan por la necesidad instintiva de supervivencia. En nuestra especie las amistades surgen por necesidades más intimas, como intento de superar la soledad.

La comunicación interpersonal realizada por medio de sonidos (palabras) y de imágenes (gestos, expresiones faciales) es deficiente y limitada. Si no construimos una relación abierta sin preconcepciones y sin intereses, las personas no comprenderán nuestros sentimientos y pensamientos más íntimos, los cuales quedarán encerrados dentro de nosotros y nos hundirán en una soledad social. Por estar aislados dentro de nosotros mismos, necesitamos tener amigos, necesitamos superar una de las características más fuertes de nuestra especie: la soledad.

Los padres que no tienen como meta transformar a sus hijos en amigos poseen un proyecto educativo superficial. Aquellos que desean hacer de sus hijos sus amigos, que intercambian experiencias, entretejen sus historias, reconocen sus errores, piden disculpas y buscan vivir una vida alegre y abierta con ellos alcanzan un éxito existencial mucho más noble.

Los padres que solo ofrecen a los hijos buenas escuelas y reglas de comportamiento, no logran establecer con ellos una relación más profunda. Por otro lado, los hijos que no buscan tener a sus padres como amigos, pierden una de las más ricas experiencias existenciales. Los hijos que aprenden a abrirse con sus padres, a desarmarlos, conocer su historia, sus placeres, fracasos, éxitos y temores, terminan tornándose arquitectos de una relación dulce y placentera.

Los maestros también deben tener una relación más próxima con sus alumnos. El tiempo puede no permitir tal proximidad y la estructura educativa puede no facilitarla, pero en la medida de lo posible, los maestros deberían tener como meta ser amigos de sus alumnos, participando de la historia de ellos. Los maestros buscan obtener silencio y atención de los alumnos. Con todo, ¿cómo un desconocido puede hacer exigencias tan grandes? Aquellos que invierten tiempo en ser amigos de sus alumnos, aun los más agresivos y rebeldes, los conquistan, ganan su respeto. El silencio y la atención de ellos despiertan otro placer.

Respetar a los alumnos como seres humanos y buscar conocer, aunque con limitaciones, algunas angustias y sueños de su mundo, se convierte en un bálsamo intelectual, un perfume emocional que satura la relación. Las escuelas deberían tornarse en albergues no solo de sabiduría, sino también de amigos. Pero, desgraciadamente, a veces imperan la agresividad y la rigidez.

Un día, una profesora me dijo que había perdido el placer de dar clases, no soportaba más a sus alumnos. Yo la animé a penetrar en el mundo de ellos y percibir que aún los más rebeldes tienen una personalidad compleja, un mundo a ser descubierto. Le dije que luego se tornarían adultos y que ella no podría perder la oportunidad de contribuir para enriquecer la historia de ellos. Animada, ella comenzó a entrar en el mundo de sus alumnos y logró conquistarlos.

Aún en el ambiente de la psicoterapia, la relación terapeuta-paciente debe construirse en una atmósfera con el más alto nivel de respeto, empatía y confiabilidad. Si un psicoterapeuta construye una relación distante e impersonal con su paciente, la terapia tiene grandes posibilidades de tornarse artificial y poco eficiente.

Recuerdo a una cliente que me contó una historia vivida por ella, antes de venir a tratarse conmigo, que la hirió mucho. Dijo que se trataba con una psicoterapeuta muy rígida, cuyo consultorio quedaba en un alto edificio. Algunas veces ellas se encontraban en el ascensor. Cuando eso ocurría, ella saludaba a la terapeuta, pero ésta nunca contestaba, pues no quería crear ningún vínculo personal con sus pacientes. Mi cliente era cajera de un banco en el cual la terapeuta tenía cuenta, pero la terapeuta nunca la saludaba, ni siquiera cuando era atendida por ella. Angustiada por la frialdad y la impersonalidad de la terapeuta, la paciente decidió someterla a prueba: le contó en dos días distintos, dos historias de su infancia totalmente diferentes. Primero, dijo que su padre había sido agresivo, distante, frío, o sea, un verdadero ogro. El otro día dijo que su padre siempre había sido amable y tolerante. La terapeuta, que estaba distraída y tenía una relación impersonal con la paciente, no reparó en la contradicción de las historias relatadas e interpretó el comportamiento de ella como si fuera de dos personas distintas.

Indignada la paciente interrumpió la sesión de psicoterapia y nunca más regresó a aquel consultorio. Días después, la terapeuta apareció en el banco e, intentando aproximarse, gentilmente le preguntó como estaba. La paciente le devolvió su mal trato y le contestó de la misma forma como la terapeuta acostumbraba hacerlo: le dijo que no la conocía. La respuesta no fue adecuada, pero ella le hizo un gran favor a la terapeuta, pues la llevó a recapacitar respecto a su desempeño profesional frío y sin empatía. ¿Cómo puede alguien pensar en ayudar a una persona a interiorizarse, a autoevaluarse y a controlar sus pensamientos en los momentos de estrés si la relación que mantiene con ella es distante, sin empatía y sin confianza?

El maestro de la escuela de la existencia era diferente. Tenía una relación estrecha con sus discípulos, era agradable y confiable. Como si fuera terapeuta, lograba con éxito, percibir sus conflictos más ocultos y estimularlos a reevaluarlos. Él, más que ningún terapeuta, podría exigir distancia y hasta reverencia por parte de sus discípulos, pues ellos lo consideraban el hijo del Dios Altísimo. Entretanto, hacía lo posible por romper todas las barreras y todas las distancias entre ellos. Cristo quería que las relaciones con sus discípulos fuesen regadas con empatía, confiabilidad y proximidad.

Buscando amigos y no siervos

Tanto el más despreciado siervo como el más poderoso rey pueden sufrir soledad. El primero, por ser rechazado por todos; el segundo, por ser supervalorado por todos y, consecuentemente, nadie se aproxima a él con naturalidad y sinceridad. Cristo fue tanto drásticamente rechazado como profundamente admirado. Ninguna de las dos posiciones le agradaba. Muchos aman el trono, aman el sonido de los aplausos, pero Cristo era diferente. Al final de su vida, en la cumbre de su relación con sus discípulos, él los sacó de la condición de siervos y los colocó en la posición de amigos. Era como si quisiera vacunarlos contra una relación impersonal y distante tan común en la relación del pueblo de Israel con Dios, expresada en los libros de Moisés y de los profetas.

Cierta vez él afirmó que muchos lo honraban con la boca, pero tenían el corazón lejos de él (Mateo 15.8). Parecía decir que toda aquella forma distante de honrarlo, adorarlo y supervalorarlo no le agradaba, pues no era íntima y abierta.

Cristo se preocupaba porque las relaciones con sus discípulos a pesar de físicamente cercanas, se mantenían distantes en lo íntimo. Su preocupación era legítima y fundamentada. Sabía que sería fácil que le admiraran y, que por ello, las personas se tornarían distantes, perderían el contacto directo, abierto, simple y placentero con él. De hecho, eso ocurrió con frecuencia a lo largo de la historia. Pretendiendo dar tributo a Cristo, se han desarrollado guerras en su nombre. Eso sucede hasta hoy. En Irlanda del Norte, católicos y protestantes vivieron por muchos años en guerra con sangrientos conflictos. ¿Cómo es posible hacer guerra en el nombre de aquél que daba la otra mejilla, que era el ejemplo más vivo contra la violencia e intolerancia? Muchos hablaron acerca de él y lo admiraron como un gran personaje, pero se alejaron de sus características fundamentales.

Juan, el discípulo, fue un amigo íntimo de Cristo. Disfrutó el placer y la proximidad de su amistad. El deseo del maestro por tener amigos lo impactó tanto que, aun a edad avanzada, no se olvidó de registrar en su evangelio los tres momentos en que Cristo llamó amigos a sus discípulos (Juan 15.13-15). Muchos de los que lo siguieron a lo largo de las generaciones no vieron esa característica. No comprendieron que Cristo buscaba más que siervos, más que admiradores, más que personas postradas a sus pies; él buscaba amigos que amasen la vida y se relacionasen íntimamente con él.

Disfrutando la vida: cenas, fiestas y convivencia social

Se equivoca quien piensa que Cristo tenía una vida encarcelada, cerrada, tímida y triste. Él era totalmente sociable. Con todo, en algunos momentos, él necesitaba aislarse socialmente. Pero eso solo ocurría cuando él sentía una íntima necesidad de meditar.

Quienes no tienen esos momentos encierran sus emociones y no superan la soledad intrapsíquica. Una de las más bellas aventuras que el ser humano puede hacer es viajar dentro de sí mismo y explorar sus territorios más ocultos. Cristo era un viajero en las trayectorias de su propio ser. Tenía largos momentos de reflexión, meditación y oración (Lucas 6.12). Es difícil para la psicología emitir una opinión acerca de lo que ocurría con él en esos momentos, pero, probablemente, ocurría un reencuentro consigo mismo, con el Padre que él afirmaba estar en su interior, con su historia, con su propósito transcendental. En esos momentos el restablecía sus fuerzas y recuperaba sus energías para enfrentar las inmensas turbulencias de la vida (Lucas 11.11).

Aparte de sus momentos de interiorización y meditación, él estaba siempre buscando la convivencia social. He atendido a muchas personas sociables y puedo garantizar que Cristo fue una de las más sociables que he estudiado. Disfrutaba de la convivencia con los demás, estaba siempre cambiando de ambiente a fin de establecer nuevos contactos (Marcos 6.6), frecuentemente tomaba la iniciativa de charlar con las personas. Las dejaba curiosas y llamaba su atención. Le gustaba dialogar con todos, hasta con los menos recomendables, los más inmorales. Los buscaba y establecía una relación con ellos (Lucas 5.27-32). Por eso escandalizaba a los religiosos de su época, y eso comprometía su reputación delante de los líderes religiosos de Israel. Pero el placer que sentía al relacionarse con el ser humano era superior a las consecuencias de su actitud, de la mala fama que pudiera adquirir y a la cual no daba importancia; lo que importaba era ser fiel a su propia conciencia.

Cristo no rechazaba ninguna invitación para cenar. Hacía sus comidas hasta en la casa de leprosos. Había una persona llamada Simeón que tenía lepra, conocida en nuestros días como enfermedad de Hansen. El que padecía de esa enfermedad en aquella época era muy discriminado, pues muchos de ellos quedaban con los cuerpos mutilados y eran obligados a vivir fuera de la sociedad.

Simeón era tan rechazado en su época que era identificado con un nombre peyorativo: «Simeón, el Leproso». Pero, como Cristo abolía cualquier clase de preconcepción, hizo amistad con Simeón. En los últimos días de la vida de su amigo, frecuentó su casa probablemente participando de una comida (Mateo 26.67). Si Cristo hubiera vivido en los días de hoy, no dude que sería amigo de los que padecen de SIDA. Su delicadeza de incluir y cuidar de las personas excluidas socialmente representaba una bella muestra de su elevada humanidad.

Aunque los fariseos tenían preconcepciones en contra de Cristo, él no los tenía en contra de los fariseos. Si era invitado, cenaba en la casa de los fariseos, aunque fueran sus críticos (Lucas 7.39). Él tenía una característica que se destacaba claramente en todas sus biografías, pero que muchos no lograban ver. Era tan sociable que participaba frecuentemente de fiestas. Participó de las bodas en Caná de Galilea, la fiesta de Pascua, la fiesta de tabernáculos y muchas otras.

Cristo se alegraba cuando estaba a la mesa. Extendía los brazos sobre ella, lo que indica que no tenía muchas formalidades, buscando siempre ser natural, auténtico (Lucas 5.29).

En aquella época no había restaurantes, pero, si él hubiera vivido en los días de hoy, seguramente visitaría muchos de ellos con sus amigos y aprovecharía el ambiente informal que las comidas proporcionan para declarar algunas de sus más importantes palabras. De hecho, algunos de sus más profundos pensamientos y algunos de sus gestos más importantes no ocurrieron en las sinagogas judías sino junto a una mesa.

Cristo se mezclaba tanto con las personas y disfrutaba tanto comer y convivir con ellas que recibió el apodo peyorativo de: «comilón y bebedor de vino» (Mateo 11.19). Él llegó a comentar sobre esa fama. Dijo que su antecesor, Juan el Bautista, comía miel silvestre y langostas y se ganó la fama de raro, loco, alguien que vivía fuera de la convivencia social. Ahora, había venido el «hijo del hombre» que sentía placer en comer y convivir con las personas y, por ese comportamiento tan sociable y sencillo, se ganó la fama de glotón. Una fama injusta pero que era reflejo de su gran capacidad de relacionarse socialmente. Cristo era un excelente catador de comida. También le gustaba preparar los alimentos (Juan 21.9-10).

Aunque injusta, yo personalmente me alegro que tuviera fama de comilón. No me gustaría que Cristo hubiera tenido la fama de persona socialmente diferente, encerrada, distante. Él no sería tan accesible y atractivo si las personas tuviesen que hacer reverencia, cambiar el tono de voz y modificar su comportamiento para acercarse a él.

Cristo era sencillo y sin formalidades, por eso encantaba a cualquier clase de personas en cualquier ambiente. Muchos no logran, ni saben, cómo hacer amigos, pero el maestro de Nazaret era un especialista en construir relaciones sociales saludables. Atraía a las personas y las transformaba en amigos íntimos por sus ricas características de personalidad principalmente su amabilidad, sociabilidad e inteligencia sagaz.

Las relaciones sociales han sido marcadas por ser frías e impersonales. Todos tenemos necesidad de construir relaciones sin maquillaje, abiertas y sin intereses ocultos. Tenemos una necesidad vital de superar la soledad. Es más, el placer del diálogo se está muriendo, la industria del entretenimiento nos ha encarcelado dentro de nuestras propias casas, dentro de nuestras oficinas. Estamos aislados por los DVD, por la televisión y por las computadoras. Nunca hubo una generación como la nuestra, que, aunque tiene amplio acceso a distintas formas de entretenimiento, conoce como ninguna otra la soledad, la ansiedad y la insatisfacción.

12 | Preservando la unidad y enseñando el arte de amar

Preservando la unidad

Uno de los objetivos más fuertes de las enseñanzas de Cristo era alcanzar la unidad entre sus discípulos. Antes de su muerte, en aquel momento cuando estaba emocionalmente triste por dejarlos, hizo una ardiente petición. Una persona, cuando se esta despidiendo de la vida, revela los secretos de su corazón. En ese momento, no queda nada que ocultar, todo lo que está guardado clandestinamente en los pensamientos sale a la luz.

¿Qué estaba oculto dentro de Cristo y salió a la luz poco antes de su muerte? Fueron por lo menos cuatro deseos extremamente sofisticados: a) la creación de una relación interpersonal abierta e íntima capaz de producir amigos genuinos y de superar la raíces de la soledad; b) la preservación de la unidad entre los discípulos; c) la creación de una esfera sublime de amor; d) la producción de una relación libre de la competencia predatoria y del individualismo. Como ya hemos comentado en cuanto el primer punto, comentaremos en esta ocasión sobre los demás.

Cristo no quería que sus discípulos estuviesen siempre juntos en el mismo espacio físico, sino que compartieran un mismo sentir, la misma disposición intelectual, los mismos objetivos. Anhelaba una unidad que todas las ideologías políticas han soñado y jamás lograron. Una unidad que toda empresa, equipo deportivo, universidad y sociedad desea, pero nunca alcanza. Anhelaba que fueran unidos en la esencia intrínseca de su ser.

La unidad que Cristo proclamaba elocuentemente no anulaba la identidad, la personalidad. Las personas solo sufrirían un proceso de transformación interior que sería la base para una unidad tan elevada que detendría el individualismo y sobreviviría a todas su diferencias. Juntas, unidas ellas desarrollarían las nobles funciones de la inteligencia. Cada persona seguiría siendo un ser complejo, con características particulares, pero en su interior ellas serían solo una. En esa unidad se ayudarían mutuamente, servirían la una a la otra, se harían sabias y llevarían a cabo el cumplimiento del propósito de su maestro.

Para preservar la unidad propuesta por Cristo, es necesario abandonar las disputas y las discriminaciones. Además de eso, sería necesario aprender a sufrir pérdidas por causa de ella. Ninguna unidad sobrevive sin que las personas que la buscan estén dispuestas a sufrir determinadas pérdidas para sostenerla. Porque no es posible que haya relaciones humanas sin que haya también desilusiones. Por lo tanto, para que la unidad tuviese raíces, era necesario trabajar las pérdidas y las frustraciones y apreciar los objetivos colectivos por encima de los individuales.

Excluir, discriminar, dividir y romper son habilidades intelectuales fáciles de aprender. Un niño de cinco años de edad ya tiene todas esas habilidades en su personalidad. Pero, incluir, cooperar, considerar las necesidades de los demás y preservar la unidad exige madurez de la inteligencia, exige comprender que el mundo no debe girar en torno de uno mismo, exige desarrollar un paladar emocional refinado, en el cual haya placer en entregarse por los demás.

El individualismo es un fenómeno intelectual espontáneo que no requiere esfuerzos para ser alcanzado. Además de eso, no produce un placer tan rico como el placer colectivo de estar entre amigos, cuando la unidad es fortalecida. Quien preserva la unidad se vuelve especial por dentro y común por fuera. Quien ama el individualismo se vuelve especial por fuera pero superficial por dentro.

En la unidad propuesta por Cristo los discípulos conquistaron una esfera afectiva tan sofisticada que recibieron el nombre de hermanos. Es muy raro aplicar el término «hermanos» a personas que no participan de los mismos vínculos genéticos o de la misma historia familiar desde la más temprana edad. Pues bien, el clima producido entre los discípulos de Cristo era irrigado con un amor tan sublime y difícil de ser explicado que los hizo ser miembros de una misma familia. Una familia que está más allá de los límites del parentesco genético, que no es un simple grupo social reunido, que posee la misma historia interior, en la cual cada miembro anima el otro y contribuye para promover su crecimiento interior.

Aquellos hombres que nunca pensaron en entregarse a desconocidos y que eran tan individualistas pasaron a llamarse cariñosamente hermanos. Pedro, inicialmente tan tosco en su personalidad, llamó a Pablo su amado hermano en su segunda epístola. Ellos aprendieron poco a poco a superar las dificultades y a preservar la unidad, que es como un jardín cultivado por la práctica del amor trascendental, que comentaré más adelante.

Una de las más grandes fallas de los millones de personas que siguieron a Cristo a través de los siglos fue no caminar por la avenida de la unidad que él deseaba, dejándose dominar por las diferencias, por los problemas, por las peleas.

Cristo, mientras estaba con sus discípulos, les enseñó a superar el miedo, los dolores, a invertir en sabiduría, a desarrollar el arte de pensar y muchas otras funciones ricas de la inteligencia. Ahora ellos tenían bases para caminar por los caminos de la unidad, debiendo seguir por ellos.

Las necesidades universales del ser humano y el arte de amar

De todas las características de la escuela de Cristo, la del amor es la más elevada y la más noble y, contrario a lo que pudiéramos pensar, una de las más difíciles de comprender, pues sobrepasa los límites de la razón lógica. Amarse unos a otros era un principio fundamental. Estamos acostumbrados con la cultura cristiana y por eso no nos sorprendemos tanto con esas palabras. Desde el punto de vista psicológico, amarse los unos a los otros es una exigencia poética y bella pero, al mismo tiempo, altísima y difícil de alcanzar.

Freud, en la teoría del psicoanálisis,* dio énfasis a la sexualidad. El instinto sexual y los conflictos que produce están en el centro de muchos textos sobre el psicoanálisis. No cabe duda de que determinados conflictos sexuales son la base de algunas enfermedades psíquicas. Pero la tesis freudiana de que todos los fenómenos inconscientes se explican por experiencias infantiles relacionadas con la libido (energía sexual) es limitada e inaceptable. Debemos considerar al ser humano más allá de los límites de la sexualidad, más allá de los límites de la relación hombre-mujer, y comprenderlo en su totalidad, para poder encontrar sus necesidades universales.

¿Qué es lo que somos durante la mayor parte del día? ¿Hombres o mujeres, machos o hembras? Si estudiamos la construcción de la inteligencia y las necesidades psíquicas fundamentales, constataremos que en la mayor parte de nuestro tiempo (probablemente el noventa por

---

*Freud, Sigmund. *Obras psicológicas completas de Sigmund Freud* (Buenos Aires: Ed. El Ateneo, 1948).

ciento) no somos ni machos ni hembras, hombres o mujeres, sino seres humanos, que poseen necesidades universales.

¿Cuáles son esas necesidades universales? Necesidades de placer, de entretenimiento, de soñar, de tener sentido existencial, de superar las angustias existenciales, de superar los estrés psicosociales, de superar la soledad, desarrollar la creatividad, trabajar, alcanzar objetivos, alimentarse, reponer las energías durante el sueño, amar y también de satisfacción sexual. Cuando buscamos evidenciar excesivamente nuestra masculinidad o feminidad, probablemente hemos sufrido un quebranto de la salud psíquica.

Amar es probablemente la necesidad universal más sublime y más difícil de ser atendida. Los románticos disertaron acerca del amor, los poetas lo proclamaron, pero en la práctica no es fácil conquistarlo.

Cristo predicaba acerca de un amor impactante, un amor que produce una fuente de placer y de sentido existencial. Aquel simple hombre de Nazaret, que tuvo tantas dificultades en la vida, que sufrió desde la niñez y, cuando adulto, no tenía dónde reposar la cabeza, no solo sacó sabiduría de su dolor y poesía de su miseria, sino que encontró aliento para hablar de un amor arrebatador: «Que os améis unos a otros; como yo os he amado» (Juan 13.34).

En su último viaje a Jerusalén poco antes de ser crucificado, él sufrió intensa persecución por parte de los herodianos, de los fariseos y de los saduceos, integrantes de partidos religiosos. Todos buscaban probarle para hacerle caer en alguna contradicción. Esperaban que Cristo dijera alguna herejía en contra de las tradiciones judías o que dijera algo en contra del régimen de Roma. Sin embargo, él silenció a todos con su inteligencia. A pesar de silenciarlos y provocar gran admiración en sus opositores, tenía consciencia de que pronto iría a morir. Era solo una cuestión de tiempo hasta que fuera arrestado lejos de la multitud; por eso hablaba sin temor acerca de su juicio y de los dolores que padecería.

El clima era amenazador, capaz de quitarle el sueño a cualquiera. La cúpula judía había armado diversas trampas para arrestarlo y matarlo. Desde el punto de vista lógico, no había espacio para que Cristo se preocupara con otra cosa sino con su propia seguridad. Sin embargo, a pesar del estrés exterior, él no se dejaba perturbar. El mundo a su alrededor estaba trastornado, pero él se mostraba tranquilo y aún tenía tiempo para comentar con sus íntimos acerca de un amor trascendental, un amor que echa fuera todo miedo. ¿Cómo es posible que alguien que está rodeado por odio hable sobre el amor?

Cristo estaba a punto de ser quitado de la tierra de los vivientes, pero aún así cuidaba cariñosamente de aquellos galileos que tantas veces lo desilusionaron. Los estaba preparando para que fueran fuertes y unidos, a pesar del drama que él pasaría. Los estaba preparando para que aprendiesen el arte de amar.

El hablaba acerca de un amor difícil de ser investigado, que está mucho más allá de los límites de la sexualidad y de los intereses particulares. Un amor que se entrega y que se preocupa más por los demás que por sí mismo.

El más alto nivel de amor, tolerancia y respeto humano

Ponga a diez alumnos en una universidad. Durante tres años y medio, que fue el tiempo que Cristo pasó con sus discípulos, e intente enseñarles a que se amen los unos a los otros. Dicte charlas, promueva debates y conduzca esos alumnos a leer toda clase de literatura acerca del amor. Vea el resultado. Probablemente, al final de ese tiempo, ellos no estarán amándose, sino guerreando los unos contra los otros, discutiendo quién tiene más conocimiento acerca del amor, quién habla mejor sobre el tema. Serán maestros en hablar sobre el tema «amor», pero difícilmente aprenderán la más difícil de todas las artes, la del amor. Aprenderlo exige más que cultura y elocuencia.

Cristo tenía un concepto tan elevado del amor, que tanto sus palabras como sus actitudes rebasaban los límites de la lógica psicológica. Cierta vez dijo: «Pero yo os digo: Amad a vuestros enemigos, bendecid a los que os maldicen, haced bien a los que os aborrecen, y orad por los que os ultrajan y os persiguen» (Mateo 5.44). Con esas palabras Cristo tocó los límites más altos y, al mismo tiempo más impensables del amor, de la tolerancia y del respeto humano.

¿Cómo es posible amar a los enemigos?, ¿Quién tiene estructura emocional para eso? ¿Cómo es posible amar a alguien que nos frustró, nos decepcionó, habló injustamente contra nosotros? Algunas personas no logran amarse ni a sí mismas pues no tienen el mínimo de autoestima, viven destruyéndose con sentimientos de culpa e inferioridad. Otras aman a sus enemigos, pero con un amor frágil y sin raíces, pues, ante la más mínima señal de frustración, los excluyen de sus vidas. Otros aún tienen una emoción más rica y estable y construyen amistades duraderas que soportan los inviernos existenciales. Aunque son incapaces de amar a alguien fuera de su círculo de amigos, por eso son exclusivistas, no aceptan intrusos en su grupo social.

Si nuestro amor es muchas veces condicional, inestable y exclusivista, ¿Cómo será posible amar a los enemigos? Ningún humanista llegó a tal ambición. Probablemente nadie que proclamó la necesidad de preservar los derechos humanos fue tan lejos como Cristo, estableció un patrón de relacionamiento tan alto como lo que él propuso.

Con motivo del aumento de la población en la actualidad, así como de la competitividad, del individualismo y de la superficialidad en las relaciones socio-profesionales, es más fácil hacer «enemigos» que amigos. No enemigos que nos quieren destruir, sino personas que nos decepcionan, nos frustran, nos critican justa o injustamente, que hablan mal de nosotros por la espalda, que no corresponden a nuestras expectativas.

Solamente una persona que es apasionada por la vida y por el ser humano y, además de eso, es tranquila y segura, supera con dignidad las frustraciones sociales y logra gobernar con extrema habilidad sus pensamientos en los momentos de estrés. Solamente alguien así puede vivir el patrón propuesto por Cristo, puede ser libre en sus emociones, puede lograr amar a las personas que lo enojan. Ni la psiquiatría moderna ha soñado con un ser humano con un patrón tan alto en su personalidad.

Si tuviéramos la capacidad de amar a las personas que nos frustran, nos haríamos un gran favor a nosotros mismos. Dejaríamos de estar angustiados por ellas y las veríamos bajo otra perspectiva, no más como enemigas. Disminuiríamos los niveles de estrés y evitaríamos algunos síntomas psicosomáticos. El diálogo, el respeto, el afecto y la solidaridad florecerían como en un jardín. La comprensión del comportamiento de los demás sería más noble. ¿Qué técnicas de psicología nos podrían llevar a tal calidad de vida si, con frecuencia, queremos que el mundo gire primero en torno de nuestras necesidades, para después considerar las necesidades de los demás?

Las limitaciones de la emoción humana

Muchos padres pasan toda la vida enseñando a sus hijos a seguir los caminos del amor, a cultivar un rico afecto entre ellos, y el resultado no pocas veces es el desamor, la disputa y la agresividad. No es fácil enseñar el camino del amor, pues está más allá de la simple adquisición de enseñanzas éticas y de reglas de comportamiento.

Los discípulos de Cristo, cuando él los llamó, se portaban como cualquier otro ser humano: discutían, se irritaban y vivían solo para satisfacer sus necesidades. Pero el maestro quería que ellos reescribiesen lentamente sus historias, una historia sin disputas, sin discriminación, sin agresividad, una historia de amor.

Cristo tenía metas osadísimas, pero solo proponía aquello que vivía. Él amó al ser humano incondicionalmente. Fue dócil, gentil y tolerante con sus más ardientes opositores. *Amó a quien no lo amaba y se entregó a quienes lo aborrecían.* El amor era la base de su motivación para aliviar el dolor de los demás. ¿Quién posee una emoción tan desprendida?

Las grandes empresas de todo el mundo tienen respetables equipos de recursos humanos, que buscan entrenar a sus trabajadores para que aprendan a tener un mejor desempeño profesional, más creatividad y espíritu de equipo. Los resultados no siempre son los deseados, pero el propósito de Cristo además de incluir el espíritu de equipo y el desarrollo del arte de pensar, requería la creación de una esfera de amor mutuo.

Nadie logra preservar una forma de placer en los mismos niveles por mucho tiempo. Con el paso de los años, por el proceso de psicoadaptación, el amor disminuye invariablemente de intensidad y, si todo sigue bien, es posible remplazarlo lentamente por amistad y compañerismo.

La psicoadaptación es un fenómeno inconsciente que ayuda a disminuir la intensidad del dolor o del placer a lo largo de la exposición a un mismo estímulo. Una persona, al colgar un cuadro en la pared, lo observa y lo contempla por algunos días, pero, con el paso del tiempo, se adapta psicológicamente a la imagen y poco a poco se siente menos atraída por ella. Al comprar un automóvil, después de algunos meses la persona se mete en él como se mete al baño de su casa, o sea, sin el mismo placer que tenía cuando lo adquirió, pues se psicoadaptó a él. Cuando sufrimos una ofensa, al principio ella nos perturba, pero con el tiempo nos adaptamos y poco sufrimos con ella. Lo mismo puede ocurrir con el afecto en las relaciones humanas. Con el paso del tiempo, si el amor no se cultiva, nos adaptamos los unos a los otros y dejamos de amar.

La energía emocional no es estática, sino dinámica. Ella se organiza, se desorganiza y se reorganiza en un flujo vital seguido y continuo. Nuestra capacidad de amar es limitada. Amamos con un amor condicional y sin estabilidad. Las frustraciones, los dolores existenciales, las preocupaciones diarias sofocan los rasgos de amor que poseemos. Por lo tanto, el secreto del limitado amor humano no solo está en conquistarlo, como también en cultivarlo.

A pesar de todas las limitaciones de la emoción en crear, vivir y cultivar una esfera de amor, amar es una de las necesidades vitales de la existencia.

Quien ama vive la vida intensamente.

Quien ama saca sabiduría del caos.

Quien ama tiene placer en entregarse.

Quien ama aprecia la tolerancia.

Quien ama no conoce la soledad.

Quien ama supera los dolores de la existencia.

Quien ama produce un oasis en el desierto.

Quien ama no envejece, aunque el tiempo marque su cara.

El amor transforma miserables en ricos.

La ausencia del amor transforma ricos en miserables.

El amor es una fuente de salud psíquica.

El amor es la expresión máxima del placer y del sentido.

El amor es la experiencia más bella, poética e ilógica de la vida.

Cristo predicaba acerca de la revolución del amor...

Una posición destacada para las mujeres en la escuela de la existencia

En el proyecto de Cristo no había lugar solo para los hombres, los apóstoles y líderes masculinos, aunque la sociedad de la época supervalorase al hombre. En él, las mujeres tuvieron una posición destacada fundamental. Ellas siempre han aprendido con más facilidad el lenguaje del amor que los hombres. Además, los gestos más sublimes prodigados a Cristo fueron producidos por mujeres, de las cuales destacaré dos.

Una de ellas fue María, hermana de Lázaro, uno de los amigos de Cristo. Ella poseía un vaso de alabastro que contenía un precioso perfume (Mateo 26.7). Aquel perfume era carísimo, tal vez la posesión más costosa de aquella mujer. María amaba mucho a su maestro. Había sido tan cautivada por él y por sus palabras poco comunes que no sabía cómo expresar su gratitud. Además de eso, estaba muy triste porque, a diferencia de los discípulos, había entendido que Cristo estaba próximo a su muerte. Ante tanto amor y tanto dolor, ella actuó de manera inesperada: le dio lo más caro que tenía. Rompió el vaso de alabastro y derramó su perfume sobre la cabeza de Cristo, en preparación para su muerte, pues los antiguos acostumbraban perfumar los cadáveres.

Algunos discípulos consideraron su actitud un desperdicio. Sin embargo, para ella, al contrario de un desperdicio, aquello era muy poco comparado con el amor que sentía por él, con el dolor de su partida. Cristo entendió la dimensión de su gesto y quedó tan conmovido que afirmó que dondequiera que se predicaran sus palabras, el gesto de María sería divulgado en memoria de ella (Mateo 26.13). El gesto de aquella mujer fue un memorial de amor que llegó hasta nuestros días.

Hubo otra mujer que también hizo algo sublime para Cristo. Ella no poseía recursos financieros ni un perfume tan caro para derramar sobre él. Pero poseía otro líquido no menos precioso: sus lágrimas. Esa mujer era despreciada socialmente y reprochada moralmente, pero Jesús había pasado por ella y transformado su historia.

Cristo fue invitado a participar de una comida en la casa de un fariseo. De repente, entró una mujer llorando y derramó lágrimas sobre los pies de Cristo. Y como no disponía de una toalla, constreñida ella los secó con sus propios cabellos (Lucas 7.38).

A pesar de Cristo nunca haber exigido que las personas se postrasen a sus pies, muchos lo hicieron. Los dictadores siempre han usado la fuerza para conseguir tal reverencia. Pero, las que se postraron a los pies de Cristo no lo hacían por miedo ni presión, sino por amor. Ellas se sentían tan comprendidas, amadas, perdonadas e incluidas, que eran atraídas por él.

Aquella mujer era famosa por su inmoralidad. El fariseo anfitrión conocía la historia de ella. Al verla llorar a los pies de Cristo, comenzó a criticar a los dos en sus pensamientos. Para aquel fariseo moralista y rígido, el gesto de la mujer era un escándalo y la actitud complaciente de Cristo, inadmisible. No concebía que alguien que tuviese dignidad se mezclase con aquella clase de gente.

El fariseo era óptimo para juzgar, pero su juicio era superficial, pues no lograba percibir los sentimientos más profundos del ser humano, no lograba comprender que las lágrimas de aquella mujer no expresaban un llanto común, que eran resultado de una profunda reflexión de vida. Las palabras de Cristo habían cambiado su vivir. Ella había aprendido a amarlo profundamente y había encontrado un nuevo sentido para su vida, y por eso, sin pedir permiso invadió la casa de aquel fariseo y se arrodilló a los pies del maestro, sin importarle la opinión que tendrían de ella.

Cristo quedó tan conmovido con el gesto de aquella mujer que, a pesar de estar en una situación difícil, rodeado por tantos opositores, no le importó disminuir una vez más su imagen social. Aquella escena era comprometedora, podría generar interpretaciones equivocadas. Cualquiera que se preocupase con su propia imagen quedaría incomodado por la forma en la cual aquella mujer llegó y por los gestos que hizo. Pero, para aquel maestro afectuoso, los sentimientos de ella eran más importantes que cualquier cosa que las personas pudieran pensar y hablar al respecto.

Cristo no le hizo preguntas, no preguntó sobre sus errores, no cuestionó su historia, sino que comprendió y trató a la mujer gentilmente. En seguida el maestro de la escuela de la existencia se volvió hacia el fariseo, instigó su inteligencia y refutó las bases de su juicio y de su moralidad superficial con una historia. Jesús habló acerca de dos personas que tenían deudas. Una era aquella mujer y la otra, el propio fariseo. Las dos personas tuvieron sus deudas perdonadas. Cristo lo llevó a concluir que aquella mujer, por tener conciencia de que su deuda era más grande, había valorado el perdón, quedando más aliviada y amado más a aquél que la perdonó.

Con esa historia Cristo hizo que aquel crítico fariseo comprendiera que, por el hecho de que aquella mujer había hecho una profunda revisión de su historia, ella había aprendido a amar más que él, que se consideraba justo. También con esa historia lo llevó a concluir que, aunque conociera toda la ley judía y se enorgulleciese de su justicia y moralidad, él se sentía infeliz, vacío y vivía una vida teatral, pues no lograba amar. Así, quedó demostrado que donde la autosuficiencia y la arrogancia imperan, el amor no logra ser cultivado. Y, por otro lado, donde impera la humildad y se hace una revisión sin miedo y sin preconcepciones de la historia de la vida, el amor florece como en un jardín. El orgullo y el amor nunca florecen en el mismo suelo.

Las dos mujeres, con sus gestos delicados, sorprendieron a aquel maestro que vivía sorprendiendo a las personas. Gestos así demuestran que, cuando las mujeres entran en escena, consiguen ser más sublimes que los hombres. Ellas siempre fueron más rápidas para comprender e incorporar el lenguaje sofisticado del amor del Maestro de los maestros. El amor siempre produjo gestos más nobles y más profundos que el poder y la justicia moralista masculina.

El amor y el perdón

Jesús proponía a sus discípulos que se perdonasen los unos a los otros, que se libertasen de sus sentimientos de culpa y que tuviesen una vida emocional suave y tranquila como solamente una persona que ama a su prójimo como a sí misma puede tener. La psicología de Cristo era profunda, el amor y el perdón se entrelazaban. Era de hecho una psicología transformadora, y no reformadora y moralista. Él decía que había venido para perdonar, para aliviar el peso de la existencia y tornar la vida más complaciente, tolerante y emocionalmente serena. Animaba a sus discípulos a que observaran su vida y a tomarla como modelo existencial. Por eso, decía: «Aprended de mí, que soy manso y humilde de corazón» (Mateo 11.29).

Cristo deseaba aliviar la emoción del peso de los disgustos, de los rencores, de los complejos de inferioridad, de los sentimientos de culpa y del autocastigo. A pesar de tener todos los motivos para ser rígido y hasta juzgar a las personas, en él solo había lugar para el perdón, lo cual no es una señal de debilidad, sino de grandeza emocional. Perdonar es expresar el arte de amar.

En la escuela de la existencia de Cristo, perdonarse los unos a los otros es un principio fundamental. Perdonar alivia tanto los sentimientos de culpa como los disgustos. El sentimiento de culpa hiere las emociones. La culpa corroe la tranquilidad.

El perdón que Cristo propone es liberador. La mayor venganza contra un enemigo es perdonarlo. Al perdonarlo, nos libramos de él, pues deja de ser nuestro enemigo. El mayor favor que hacemos a un enemigo es odiarlo o quedarnos enojados con él. El odio y el enojo cultivan los enemigos dentro de nosotros.

Cristo vivió el arte del perdón. Perdonó cuando fue rechazado, cuando fue ofendido, cuando fue incomprendido, cuando fue herido, cuando sufrió injusticia; perdonó hasta cuando estaba muriendo en la cruz. En el apogeo de su dolor, dijo: «Padre, perdónalos, porque no saben lo que hacen» (Lucas 23.34). Ese procedimiento hizo que la trayectoria de Cristo fuera libre y suave.

Es muy difícil vivir con tranquilidad las relaciones sociales, pues fácilmente nos frustramos con los demás. Es más fácil convivir con mil animales que con dos seres humanos. A veces nuestras más amargas frustraciones provienen no de desconocidos, sino de las personas más íntimas,

A pesar de hallarse rodeado de enemigos y de tener discípulos que frecuentemente lo decepcionaban, el maestro de la escuela de la existencia conseguía vivir tranquilo. El arte del perdón era uno de sus secretos. El ejercicio de ese arte lo ayudaba a no vivir en función de los demás, ni esperar nada a cambio cuando se entregaba. Eso no significa que él no esperase nada de sus discípulos; al contrario, proponía metas elevadísimas para ellos. También tenía plena consciencia de que esas metas no podrían se conquistadas por medio de la presión, de exigencias, ni en poco tiempo. Él esperaba que, lentamente, sus discípulos fuesen transformados interiormente de manera libre y espontánea.

Por amar al ser humano y ejercitar continuamente el arte del perdón, Cristo preparaba el terreno para trascender, superar todo tipo de frustración con cualquier tipo de persona. Ni la vergonzosa negación de Pedro le desanimó.

Pedro anduvo mucho tiempo con su maestro, presenció gestos y oyó palabras poco comunes. Aún así, él lo negó tres veces delante de personas humildes, delante de los siervos de los sacerdotes. Cuando Pedro lo negó por tercera vez, Cristo, aunque estaba siendo herido e injuriado, se volvió hacia él y lo alcanzó con una mirada... una mirada acogedora, no de juicio.

En aquel momento, Pedro estaba diciendo con todas sus fuerzas que no conocía al maestro de Nazaret. Pero el maestro de Nazaret, con su mirada arrebatadora, estaba expresando que conocía a Pedro y lo amaba. Pedro podía negar a Cristo, pero Cristo no negaría a Pedro; el amor de Pedro por su maestro podía ser limitado y circunstancial, pero el de

Cristo por él era ilimitado, pues, a pesar del dolor causado por los líderes judíos y por la propia negación de Pedro, lograba abrir una ventana para acogerlo.

Cristo estaba preso y siendo herido, mientras Pedro estaba libre en el patio, mirando de lejos cómo su maestro era agredido. El Cristo preso y herido tuvo tiempo para acoger al Pedro libre en el patio. ¿Quién estaba preso, Cristo o Pedro? Pedro estaba preso y Cristo estaba libre. Pedro estaba libre exteriormente, pero preso interiormente por el temor y por la inseguridad. Cristo estaba preso exteriormente, pero libre interiormente en sus pensamientos y emociones, en su espíritu.

Pedro no pidió perdón a su maestro, pero la mirada acogedora y consoladora de él ya lo estaba perdonando en el momento en que él lo negaba por la tercera vez. Cristo, con su mirada penetrante, parecía decir elocuentemente: «Pedro, puedes renunciar a mí, puedes negar todo lo que viviste conmigo, pero no hay problema, yo aún te amo, no renuncio a ti...». Ante de eso, Pedro volvió en sí y se retiró para llorar. Aquel hombre fuerte y tosco, que difícilmente vertía lágrimas, comenzó a aprender a llorar y a ser sensible. Lloró intensa y amargamente. Mientras lloraba, probablemente recapacitaba sobre su comportamiento y su historia, meditaba acerca de la profunda mirada de Cristo, reflexionaba sobre los pensamientos de él y, tal vez comparaba su pobre y limitada emoción, sojuzgada por el miedo y por la inseguridad, con el amor incondicional de su maestro.

A todos nosotros nos gusta criticar, juzgar y condenar a las personas que nos rodean y hasta aquellas que están lejos de nuestra convivencia. Cristo tenía todos los motivos para juzgar, pero no lo hacía, ni condenaba; él acogía, incluía, valoraba, consolaba y animaba.

Pedro dijo una vez que, aunque todos negasen a Cristo él no lo negaría y, si fuera necesario, hasta moriría con él. Fue muy grave el error de Pedro al negar, aunque fuera por un momento, a Cristo y la historia que vivió con él. Además de eso, por negarlo, fue infiel a su propia conciencia. Con todo, Cristo no lo condenó, no lo cuestionó, no lo criticó, no lo reprochó, solo lo acogió. Cristo le conocía más de lo que el propio Pedro se conocía a sí mismo. Él anticipó su comportamiento. Su vaticinio no fue una condenación, sino un acogimiento, una señal de que no renunciaría a Pedro por ninguna situación, un indicio de que el amor que sentía por él estaba por encima de lo que pudiera recibir a cambio, por encima de sus gestos y acciones.

Cierta vez, Cristo dijo que toda persona que viniese hasta él no sería echada fuera, sin importar su historia ni sus errores (Juan 6.37). Él veía los errores no como motivos de castigo, sino como una posibilidad de transformación interior.

La práctica del perdón de Cristo era fruto de su capacidad ilimitada de amar. Con esa práctica, todos disfrutaron de muchas oportunidades de revisar sus historias y crecer delante de sus errores. El amor de Cristo es singular, nadie jamás podrá explicarlo.

El beso de Judas Iscariote y la amabilidad con que Cristo trata al que le traicionó

Antes de que Cristo fuera juzgado, se habían hecho varios intentos para arrestarlo, todos sin éxito. En uno de ellos, los sacerdotes y los fariseos quedaron indignados con los soldados que regresaron con las manos vacías. En esa ocasión el intento no fue frustrado por temor a la reacción de la multitud, que no aceptaría el arresto de Cristo, sino por los soldados, que quedaron impactados con sus palabras. Ellos dijeron a los sacerdotes que: «¡Jamás hombre alguno ha hablado como este hombre!» (Juan 7.45-49). Los sacerdotes, indignados con los soldados, los reprendieron y dijeron que nadie de la cúpula judía había creído en él, solo el «pueblo» inculto. Cosa que no era verdad, pues varios sacerdotes y fariseos admiraban a Cristo y creían en él, pero tenían miedo de declarar eso en público.

A pesar de varios intentos frustrados, llegó el momento en que fue traicionado, arrestado y juzgado. Cristo impresionó a los soldados que lo arrestaron por haberse entregado espontáneamente, sin ofrecer resistencia. Además de eso, intercedió por los tres discípulos que lo acompañaban, pidiendo a los guardias que no los prendieran. Así, en el momento en que fue arrestado, siguió con acciones poco comunes; aún había en él disposición de velar por la seguridad de sus amigos.

Cuando sufrimos, solo pensamos en cómo aliviar nuestro dolor, pero cuando él sufría, aún había en él disposición de cuidar de los demás. Y no solo eso. La noche en que fue traicionado, su amabilidad y gentileza eran tan elevadas que reaccionó de modo inimaginable con el propio traidor. Veamos.

Cristo fue traicionado y arrestado en el huerto de Getsemaní. Era una noche densa y él estaba orando y esperando ese momento. Entonces, apareció Judas Iscariote con un gran número de guardias. Cristo tenía todos los motivos para reprender, criticar y juzgar a Judas. Según dice la narración de Mateo, hasta en ese momento de profunda frustración, fue amable con el traidor llamándole amigo, dándole así otra oportunidad para que él se interiorizarse y repensase sus acciones.

Judas se acercó e hizo un falso elogio: «Salve, maestro», y lo besó. Pero Jesús le dijo: «Amigo, ¿a qué vienes?» Aquí hay algunas importantes consideraciones que deben hacerse.

El beso de Judas indica que Cristo era sumamente amable. Aunque estaba traicionando a su maestro, aunque poco lo conociera, Judas lo conocía lo suficiente para saber que él era amable, dócil y tranquilo. Sabía que no sería necesario el uso de ninguna agresividad, ninguna trampa para arrestarlo. Un beso seria suficiente para que Cristo fuese reconocido y arrestado en aquella noche oscura en el huerto de Getsemaní.

Toda persona traicionada tiene reacciones de odio y de agresividad. Por eso, para traicionarla y arrestarla se necesitan medios agresivos de seguridad y contención. Sin embargo, Cristo era diferente. Como Judas sabía que él no reaccionaría, que no usaría de violencia ni tampoco huiría de aquella situación; un beso sería suficiente. En toda la historia de la humanidad, ¡nunca alguien, por ser tan amable fue traicionado de forma tan pacífica!

Cristo sabía que Judas lo traicionaría y lo estaba esperando. Cuando Judas llegó, Cristo, por increíble que parezca, no lo criticó ni se irritó con él. Tuvo una reacción totalmente distinta a nuestro patrón de inteligencia. Lo normal sería ofender al agresor con palabras y gestos o enmudecer por el temor de ser arrestado. Pero, Cristo no reaccionó de esa forma. Tuvo el valor y el desprendimiento de llamar amigo al que lo traicionaba y la amabilidad de llevarlo a examinar su interior y a repensar sus acciones. Perdemos con facilidad la paciencia con las personas, hasta con aquellas que más amamos. Difícilmente actuamos con gentileza y tranquilidad cuando alguien nos lastima y nos irrita, aunque sea nuestro hijo, alumno, amigo, o compañero de trabajo. Renunciamos fácilmente a aquellos que nos frustran, nos decepcionan.

Judas renunció a Cristo, pero Cristo no renunció a Judas. Hasta el último momento le dio una preciosa oportunidad para que él reescribiera su historia.

¿Qué amor es ese que irriga la emoción de Cristo con manantiales de tranquilidad en un ambiente desesperante? ¿Qué amor es ese que lo conducía, aun en la cumbre de su frustración, a llamar amigo al que lo traicionó y a estimularlo a revisar su vida? ¡Nunca, en la historia, un traidor fue tratado de modo tan amable y elegante! Nunca el amor llegó a niveles tan elevados y sublimes.

Metas tan osadas para una humanidad tan limitada

Cristo hablaba acerca de un amor impactante. Un amor que da sentido a la vida y placer a la existencia. Un amor que se entrega, que vence el miedo, que supera las pérdidas, que trasciende los dolores, que perdona.

Él vivió esa historia de amor. El amor alisaba sus caminos, le hacía sentirse satisfecho, sereno, tranquilo, seguro, estable, a pesar de los largos y dramáticos inviernos existenciales que vivió.

A unos él decía: «no llores», a otros «no temas», y aún a otros «tened buen ánimo». Estaba siempre animando, consolando, comprendiendo, y estimulando a las personas a superar sus temores, desesperaciones, fragilidades, ansiedades. Cristo demostró una disposición inimaginable para amar, aun en el apogeo del dolor.

Sus palabras y acciones son como un sueño para las sociedades modernas que mal logran subir algunos peldaños de la ciudadanía y del humanismo. Si trasportamos el pensamiento de Cristo hacia la actualidad, podemos concluir que él quería construir en la especie humana una esfera tan rica en lo afectuoso que el ser humano dejaría de ser un simple nombre, una «cuenta bancaria», un «título académico», un «número de identificación», y pasaría a ser una persona insustituible, única y verdaderamente amada.

Solamente el amor torna a las personas en seres insustituibles, especiales aunque carezcan de estatus social o hayan cometido errores y experimenten fracasos a lo largo de la vida.

Todo maestro desea que sus discípulos se vuelvan sabios, tolerantes, creativos e inteligentes. La bella academia de Platón tenía por lo menos esas exigencias. Las teorías educativas y psicopedagógicas de nuestros días tienen una exigencia aún más limitada, pues no incluyen la conquista de la tolerancia y de la sabiduría en su pauta. Ni el inteligente Piaget propuso tales metas en su modelo intelectual. Con todo, Cristo fue mucho más lejos que la academia de Platón y las metas educativas de la era moderna.

Los seguidores del Maestro de los maestros tenían que aprender a no solo sacar sabiduría en los inviernos de la vida, a caminar por las avenidas de la tolerancia y a expandir el arte de pensar, sino también aprender la más noble de todas las artes, el arte de amar. Nadie tuvo metas tan elevadas para una humanidad tan limitada.

13 | Introduciendo las funciones más importantes de la inteligencia

Reciclando la competencia predatoria

Las metas de Cristo no podrían ser cumplidas si hubiese un clima de competencia predatoria y de individualismo entre sus discípulos. La existencia de ese clima destruiría completamente la construcción de la historia de amor, de unidad, de sabiduría y de solidaridad que él proponía. ¿Cómo podría Cristo transformar interiormente al ser humano, si la inclinación natural de éste es ponerse por encima de los demás y querer que el mundo gire primeramente en torno a sus propias necesidades? Revertir ese cuadro fue uno de los desafíos más grandes y difíciles que Cristo enfrentó.

El pensamiento del maestro invierte los paradigmas del mundo moderno. En él no hay lugar para la competencia predatoria. En su proyecto, el individualismo es una actitud poco inteligente. Él establece caminos para un nuevo modelo de relaciones. Entre sus principios fundamentales está aprender a cooperar mutuamente y aprender a entregarse sin esperar nada a cambio.

El capitalismo se alimenta de la competencia. Sin ese proceso, el capitalismo estaría muerto. La competencia estimula el desempeño intelectual y mejora la calidad de los productos y servicios. Pero cuando es predatoria, o sea, cuando considera las metas a lograrse como más importantes que el proceso utilizado para alcanzarlas, se vuelve inhumana y destructiva. La competencia predatoria anula los valores altruistas de la inteligencia, anula la humanidad de los competidores.

En la escuela de Cristo no se admite ninguna forma de competencia destructiva que anule o perjudique a los demás. Existe una competencia totalmente diferente de la que estamos acostumbrados a vivir, una competencia saludable y sublime, o sea, una competencia por servirnos los unos a los otros, por promover el bienestar de los demás, por honrarlos, por cooperar mutuamente, por ser solidario. Podemos decir que la escuela de la existencia de Cristo es tan admirable que sus principios son los de una anticompetencia, donde imperan la preservación de la unidad y el estímulo del crecimiento mutuo.

Cristo no descartaba la búsqueda de metas personales, la conquista de una recompensa más elevada. Él declaraba que había una recompensa superior para aquellos que alcanzasen la madurez interior. Las metas siguen existiendo, pero los procesos para alcanzarlas son contrarios a los que aprendemos.

Aquel que quiera ser el mayor deberá primero ser el más pequeño. Aquel que quiera ser grande deberá primero servir al prójimo. Aquel que quiera tener un puesto privilegiado debe ser el que más valore y honre a las personas marginadas. ¿Dónde vemos un modelo social como este? Ni los socialistas, en el auge de sus pensamientos, soñaron con una sociedad tan solidaria.

El ser humano ama ser servido y reconocido por los demás. Ama estar arriba de sus semejantes, aprecia el brillo social. Algunos usan hasta la práctica de la «falsa humildad» para obtener privilegios. Usan la humildad como pretexto, aunque inconsciente, para que las personas giren en torno a ellas por la miseria o lástima que inspiran. Esa práctica cierra la inteligencia. Y, cuando se presenta en los pacientes con trastornos psíquicos, dificulta hasta la sanidad de enfermedades totalmente tratables. Por eso, acostumbro decir que el gran problema no es la enfermedad del enfermo, sino el enfermo de la enfermedad, o sea, la actitud frágil del «yo» ante las enfermedades psíquicas.

Cristo se oponía a la práctica de la «falsa humildad». Rechazaba toda forma de sentimientos de lástima que las personas tuviesen en relación a él (Juan 18.11). Su humildad y su sencillez eran conscientes. Él no quería formar hombres dignos de lástima, sino hombres lúcidos, seguros y coherentes (Lucas 21.15).

El maestro asusta a sus discípulos con procedimientos impensables

Cristo actuaba como un arquitecto de nuevas relaciones sociales. No solo la solidaridad, la capacidad de entregarse, de cooperar mutuamente, de considerar las necesidades de los demás debían regular las relaciones humanas, sino también la tolerancia, que era considerada por él como uno de los sentimientos más nobles, capaz de regular y hasta controlar dichas relaciones. La tolerancia es una de las características más sofisticadas y difíciles de ser incorporadas a la personalidad.

Es más fácil adquirir conocimientos que aprender a ser tolerante. Una persona tolerante es comprensiva, abierta y paciente. Mientras que la intolerante es rígida, implacable, tanto con los demás como consigo misma. Es placentero convivir con una persona tolerante, pero es angustiante convivir con una persona rígida y excesivamente crítica.

En el proyecto de Cristo, se mantienen las funciones sociales. Los políticos, los empresarios, los intelectuales y los trabajadores siguen desarrollando sus actividades profesionales. A pesar de la preservación de las actividades sociales, todos debían aprender a despojarse de la necesidad de estar unos por encima de los otros. Todos debían aprender a ejercer la ciudadanía y la solidaridad en sus más amplios aspectos. Los cambios que él propone son de adentro hacia afuera. Cristo indicaba claramente que un cambio exterior sin una reorganización interior era mero maquillaje social (Mateo 23.26-27).

Su objetivo no era reformar la religión judía. Su proyecto era mucho más ambicioso. Cristo deseaba causar una profunda transformación en lo íntimo del alma humana, un profundo cambio en la forma en la cual el hombre concibe al mundo y a sí mismo. ¿Cómo podría Cristo enseñar lecciones tan refinadas a aquel grupo tosco, indocto e impetuoso de jóvenes galileos? ¿Cómo podría tener éxito en esa tarea si, pasados tantos siglos, nosotros, que vivimos en sociedades tan llenas de conocimientos, saturadas de universidades e información, no logramos subir a los primeros niveles de esa jornada? Es posible hablar por muchos años acerca de solidaridad, ciudadanía, amor al prójimo, capacidad de entregarse y, aún así, generar personas individualistas, incapaces de ponerse en el lugar del prójimo. Veamos cómo actuó ese maestro sofisticado.

Cierta vez, todos sus discípulos estaban reunidos charlando. El ambiente parecía normal. No había nada diferente en el aire, entonces, de repente, Cristo realizó una acción que dejó a todos sus discípulos perplejos. Conviene decir que el hecho que relataré ocurrió al final de su vida, y que él tenía consciencia de que su muerte se aproximaba. Entonces, necesitaba entrenar a sus discípulos para que aprendieran las más profundas lecciones de la existencia.

En ese tiempo, Cristo era profundamente exaltado y admirado por los discípulos. Toda persona superadmirada procura estar muy distante de aquellos que la exaltan. Él gozaba de gran popularidad; las multitudes lo seguían atónitas. Los discípulos, por su parte estaban extasiados por seguir a un hombre tan poderoso, a quien conferían el estatus de Dios. Los emperadores romanos querían desesperadamente un poco de ese estatus y, para ello, usaban la violencia. Cristo adquirió ese estatus espontáneamente. Sus discípulos lo consideraban tan grande, que para ellos Cristo estaba en los «cielos» y ellos estaban aquí en la tierra solo como aprendices, siervos.

Ante eso, llegó el momento para que ese maestro intrigante les diera una lección inolvidable. Cuando todos lo ponían por las alturas, intocable, él de modo repentino se inclinó en silencio llegando al nivel de los pies de los discípulos. Tomó calmamente una toalla, la puso en sus hombros, cogió una vasija de agua y, sin decir ninguna palabra comenzó a lavarles los pies (Juan 13.4-5). ¡Qué escena impresionante! ¡Qué valor y desprendimiento!

Nunca hubo quien, siendo considerado tan grande, se hiciera tan pequeño. ¡Nunca nadie con el indescriptible estatus de Dios había hecho un gesto tan humilde y sencillo! Nunca el silencio fue tan elocuente. Todos los discípulos quedaron perplejos con aquella acción.

En Roma, los emperadores querían que los siervos se postrasen a sus pies y los considerasen divinos. En Jerusalén había alguien que fue reconocido como «Dios», pero, en lugar de exigir que los discípulos se postrasen a sus pies, él se postró a los pies de ellos. ¡Qué contraste! No son solamente las palabras de Cristo que no tienen precedente histórico, sino también sus gestos.

En aquella época, los zapatos no eran cerrados, la higiene era poca y el polvo intenso, pues no había pavimento en las calles. La gruesa camada de mugre de los pies de aquellos pescadores no era problema para alguien que conocía el arte de la humildad en su más alto nivel. Cristo tenía un valor poco común tanto para vencer el temor y el dolor como para ser humilde e involucrarse con las personas.

Imagínese un gran empresario que demostrara una actitud como esa delante de sus empleados. Imagínese a un juez lavando los pies de un reo o a un rector de una universidad con una toalla en los hombros buscando los novatos de su escuela, aún inhibidos con el nuevo ambiente, para lavarles los pies. Es difícil de imaginar. Los gestos de Cristo son inimaginables, sorprendentes.

Pedro quedó tan perplejo que quiso impedir el gesto. No comprendió ni soportó la humildad del maestro. Poco tiempo antes, el propio Pedro lo había reconocido como el hijo del Dios vivo que era «uno con el Padre». Él podría preguntarse: «¿Cómo puede alguien que se considere como Dios infinito lavar los pies de un pequeño hombre finito?» Cristo revolucionó las bases de su mente. Y, sin decir nada, hizo que Pedro y sus amigos repensasen profundamente sus historias de vida. Pedro estaba tan atónito que dijo que era él quien debía lavar los pies de Cristo. Sin embargo, Cristo fue incisivo, diciendo que si no lavaba los pies de Pedro, éste no tendría parte con él.

Los discípulos de Cristo no poseían prestigio social. Eran de lo peor en cuanto a cultura y educación en su época. A pesar de la descalificación sociocultural, el honró y cuidó intensamente de esos galileos.

Cristo tuvo el desprendimiento de lavar los pies a sus discípulos. Solo una madre es capaz de un gesto tan amable y espontáneo. Con esa acción elocuente, él se ahorró millones de palabras y se hizo notable no solo como un maestro inteligente y sofisticado, sino también como el «Maestro de los maestros» de la bella e imprevisible existencia humana. Silenciosamente, vacunó a sus discípulos contra la dictadura de las preconcepciones, contra toda forma de discriminación, así como contra la competencia predatoria, el individualismo y la paranoia compulsiva de ser el número uno, que es uno de los fenómenos psicosociales más comunes y poco saludables de la sociedad moderna. Tal paranoia, en lugar de contribuir con la eficiencia intelectual, tanto puede interrumpir la creatividad como generar una disminución del placer por la existencia. Es posible ser el número dos, cinco o diez con dignidad en cualquier actividad social y profesional. Es posible que el ser humano se despreocupe de todo tipo de clasificación y ejerza con naturalidad sus actividades dentro de las propias limitaciones que cada uno posee. Es posible, en algunas esferas ir aún más lejos, o sea, poner las metas colectivas por encima de las individuales. Ese era el ardiente deseo de Cristo.

Abriendo las ventanas de la mente de sus discípulos

Los discípulos también vivían bajo la paranoia de ser el número uno. No mucho tiempo antes de que Cristo les enseñara esa profunda lección, ellos se hallaban disputando para ver quién sería el mayor entre ellos (Marcos 9.34). Santiago y Juan por intermedio de su madre, llegaron a hacer una petición osada al maestro: que uno se sentara a la derecha y otro a la izquierda cuando él estuviese en su reino, el cual inicialmente pensaban que se trataba de un reino político (Marcos 10.35-38). Con su gesto impactante, el maestro penetró en lo más íntimo de sus seres y los vacunó con suma inteligencia contra las raíces más íntimas de la competencia predatoria. Al bajar al nivel de los pies de sus seguidores, él golpeó profundamente el orgullo y la arrogancia de cada uno de ellos.

Los pies nos conducen por la trayectoria de la existencia. Cristo quería expresar que en esa sinuosa y turbulenta trayectoria de la vida los seres humanos debían lavarse los pies los unos a los otros, o sea, debían cooperar, ser tolerantes, perdonar, soportar, cuidar, proteger y servirse los unos a otros. Son lecciones profundas y difíciles de ser aprendidas.

Después de lavar los pies a los discípulos, Cristo rompió su silencio y comenzó a exteriorizar sus intenciones. No necesitaba hablar mucho, pues con su gesto sorprendente ya había hablado casi todo. Hizo críticas contundentes a las superficialísimas relaciones sociales y políticas y declaró que, contrario a lo que pensaban, aquel que desease ser el mayor entre ellos debía hacerse menor que los demás, debía aprender a servir (Juan 13.1-17). Si él como maestro se despojaba de su posición y los servía, ellos, que eran sus discípulos, debían hacer lo mismo los unos con los otros.

La jerarquía propuesta por Cristo era, en realidad, una antijerarquía, una defensa de la tolerancia, de la solidaridad, de las metas colectivas, de la cooperación y de la integración social. El mayor es aquel que más sirve, que más honra, que más se preocupa por los demás.

En todo ambiente social, el mayor recibe más honra, más privilegios, más atención que el menor. Todos resaltan a las personas eminentes. La estética vale más que el contenido. El «estornudo» intelectual de un gran político, de un empresario, de un artista famoso, de un jefe de departamento de una universidad produce más impacto que los brillantes pensamientos de una persona sin expresión social. Pero, las características de la escuela de Cristo son tan inigualables que impactan el mundo moderno. Impactan tanto el capitalismo como el socialismo.

Toda persona (hasta los científicos) que intente estudiar la inteligencia de Cristo quedará intrigada y al mismo tiempo encantada con las paradojas que la rodean.

¿Cómo es posible alguien que tuvo un sencillo oficio de carpintero, que necesitaba entallar madera para poder sobrevivir, ser considerado como el autor de la existencia, como el arquitecto del universo? La narración de Juan dice que: «Todas las cosas por él fueron hechas, y sin él nada de lo que ha sido hecho, fue hecho» (Juan 1.3).

¿Cómo puede alguien decir que posee el secreto de la eternidad y humillarse al punto de lavar los pies de sencillos pescadores galileos que carecían de toda calificación social o intelectual?

¿Cómo puede alguien que superaba toda forma de temor, que era tan valiente e inteligente, haberse permitido pasar por el caos indescriptible de la cruz, por la lenta deshidratación, por el dolor y por la extenuación física y psicológica provocada por ella?

La historia de Cristo es admirable.

El osado proyecto transcendental

No debemos pensar que Cristo estaba produciendo un grupo de personas frágiles y sin personalidad. Al contrario, él, por medio de sus principios inteligentes y diferentes, estaba transformando a aquel grupo de incultos galileos en la más fina estirpe de líderes. Líderes que no tuviesen necesidad de que el mundo girase en torno de ellos, vacunados contra la competencia predatoria y contra las raíces del individualismo. Líderes que sintiesen más placer en servir que en ser servidos, que aprendiesen a entregarse sin esperar nada a cambio, que estimulasen la inteligencia los unos a los otros y abriesen las ventanas del espíritu humano. Líderes que no fuesen controlados por la dictadura de las preconcepciones, sino que fuesen abiertos y receptivos. Líderes que supiesen humillarse, que se pusiesen como aprendices delante de la vida y que se protegieran de la autosuficiencia. Líderes que reconocieran sus limitaciones, que enfrentasen sus temores, que vieran sus problemas como desafíos. Líderes que fuesen fieles a sus conciencias, que aprendiesen a ser tolerantes y solidarios. Líderes que fuesen ingenieros de ideas, que supiesen trabajar en equipo, que expandiesen el arte de pensar e fuesen coherentes. Líderes que trabajasen con dignidad en sus inviernos existenciales y sacasen sabiduría del caos, que considerasen sus dolores y dificultades como oportunidades para transformarse interiormente. Líderes que por encima de todo, se amasen mutuamente, que tuviesen una emoción saturada de placer y viviesen la vida con gran significado existencial.

Las palabras son insuficientes para describir la complejidad y la osadía sin precedentes tanto de la inteligencia como del propósito transcendental de Cristo. Los textos de sus biografías son claros: él no quería mejorar ni reformar al ser humano, sino producir un nuevo ser humano.

No hay equipo en recursos humanos, ni teoría educacional, ni teoría psicológica, ni escuela de pensamiento filosófico o universidad que tenga la amplitud y la complejidad de la escuela de la existencia de Cristo. Él sentía una pasión indescriptible por la especie humana.

Los profesores renuncian con facilidad a sus alumnos rebeldes. Los padres se desaniman ante los hijos problemáticos. Los ejecutivos excluyen a funcionarios que no encajan en su filosofía de trabajo. En fin, nos alejamos de las personas que frustran nuestras expectativas, que nos causan sufrimiento. Pero, el comportamiento de Cristo era diferente. Las personas podían negarlo, como Pedro, traicionarlo por treinta monedas de plata, como Judas, rechazarlo, herirlo, renunciar a él y solamente preocuparse por sus propias necesidades materiales y por su imagen social, pero él nunca desistía, despreciaba o excluía a nadie.

Su amor era incondicional. Su motivación para abrir las ventanas de la mente y del espíritu humano era fuerte y sólida e iba mucho más allá de la motivación proferida por los conferencistas del área de recursos humanos de la actualidad. Su esperanza se centraba en la transformación del prójimo, independientemente de quien fuera, era arrebatadora y rompía con la lógica. Él deseaba poner a todo ser humano en una academia de inteligencia, en una escuela de sabios y de líderes.

Las complejas características de la personalidad de Cristo evidencian claramente que ella no podría haber sido construida por la creatividad intelectual humana. La inteligencia de Cristo rebasa los límites de nuestra imaginación. El mundo se detiene en la conmemoración de su nacimiento al final de diciembre, pero la mayoría de las personas no tienen conciencia de cómo él fue una persona magnífica y sorprendente.

Aunque Cristo no hubiera hecho ningún milagro, sus gestos y pensamientos fueron tan elocuentes y sorprendentes que, aún así, él habría dividido la historia. Después de haber pasado por esa sinuosa y turbulenta existencia, la humanidad nunca más fue la misma. Si el mundo político, social y educativo hubiese vivido mínimamente lo que Cristo vivió y enseñó, nuestras miserias hubieran sido extirpadas, y hubiéramos sido una especie más feliz.

Acerca del autor

Augusto Cury es médico, psiquiatra, psicoterapeuta y escritor. Posee un posgrado en Psicología Social, y desarrolló la teoría de la inteligencia multifocal, acerca del funcionamiento de la mente y el proceso de construcción del pensamiento.

Sus libros ya vendieron más de dos millones de ejemplares en Brasil y en más de cuarenta países, destacándose entre ellos: *A ditadura da beleza e a revolução das mulheres* [La dictadura de la belleza y la revolución de las mujeres]; *O Futuro da humanidade* [El futuro de la humanidad]; *Padres brillantes, maestros fascinantes; Nunca renuncies a tus sueños; Tú eres insustituible*, y la colección *Análisis de la Inteligencia de Cristo*.

Cury también es autor de *Inteligência Multifocal* [Inteligencia Multifocal]; *Doze semanas para mudar uma vida* [Doce semanas para cambiar una vida] y *Superando o cárcere da emoção* [Superando la cárcel de la emoción].

Conferencista en congresos nacionales e internacionales, es también director de la Academia de Inteligência, instituto que promueve el entrenamiento de psicólogos, educadores y del público en general.

Para hacer contacto con la Academia de la Inteligencia, acceda al sitio Web www.academiadeinteligencia.com.br.

OTROS TÍTULOS DE LA COLECCIÓN ANÁLISIS DE LA INTELIGENCIA DE CRISTO

El Maestro de las emociones

El segundo volumen de la colección hace un análisis de cómo Cristo navegó las aguas de los sentimientos e investiga por qué, a pesar de haber tenido todos los motivos para padecer de depresión y ansiedad, fue un ser alegre, libre y seguro.

El Maestro de la vida

En el tercer libro de la colección, Augusto Cury nos presenta las bellísimas lecciones de vida que Jesús nos dio en toda su historia, principalmente ante las dramáticas sesiones de tortura y humillación que ocurrieron en su juicio.

El Maestro del amor

En el cuarto volumen, conocemos el amor incondicional que Jesús tenía por el ser humano. Augusto Cury revela las reacciones y las profundas palabras declaradas por el maestro en su lecho de muerte.

El Maestro inolvidable

El último libro de la colección estudia la fantástica transformación de la personalidad de los discípulos durante su peregrinación con Jesucristo y cómo desarrollaron con excelencia las inteligencias espiritual, multifocal, emocional e interpersonal.

Printed in the USA
CPSIA information can be obtained
at www.ICGtesting.com
JSHW011406220424
61653JS00008B/79

9 781602 551237